北京仲裁

BEIJING ARBITRATION QUARTERLY

BIAC 北京仲裁委员会 Beijing Arbitration Commission 北京国际仲裁中心 Beijing International Arbitration Center

第 121 辑（2022年第3辑） Vol. 121（2022, No. 3）

主　办：北京仲裁委员会／北京国际仲裁中心
协　办：中国国际私法学会
武汉大学国际法研究所

中国法制出版社
CHINA LEGAL PUBLISHING HOUSE

目录

特 载

001 2021 年商事仲裁中文文献综述 / 贺万忠　向雨暄　刘益琪　李质平
022 2021 年关于中国仲裁和争议解决的英文文献综述
/ 张　舒　章超琳　王　庚

专 论

051 国际仲裁早期驳回程序研究 / 王　徽
071 论 LPR 时期典当息费的司法规制 / 李　昊　郭又升
097 《仲裁法》修改背景下仲裁员披露义务制度研究
——以我国法院撤销仲裁裁决实证研究为视角 / 杨　赟　金文轩

比较研究

119 ISDS 仲裁机制下安全例外条款管辖问题研究
——以仲裁庭管辖权能扩张为背景 / 李雪娇
134 从裁决到解释：ISDS 机制“不一致”现象的问题转向
——基于典型案例的考察 / 黄　钰

Contents

Special Report

001 Summary of Chinese Literature on the Study of Commercial Arbitration in 2021 /He Wanzhong Xiang Yuxuan Liu Yiqi Li Zhiping

022 Summary of English Literature on the Study of Arbitration and Dispute Resolution in China in 2021 /Zhang Shu Zhang Chaolin Wang Geng

Monograph

051 Early Dismissal Procedure in International Arbitration /Wang Hui

071 Research on Judicial Discretion in the Interests and Fees of Pawn Business after the Implementation of LPR /Li Hao Guo Yousheng

097 The Disclosure Obligation of Arbitrator under the Amendment of Chinese Arbitration Law /Yang Yun Jin Wenxuan

Comparative Law Study

119 Study on the Jurisdiction of Security Exceptions Clause under ISDS Arbitration Mechanism /Li Xuejiao

134 From Award to Interpretation: The Problematic Turn for “Inconsistency” in ISDS /Huang Yu

2021年商事仲裁中文文献综述

贺万忠 * 向雨暄 ** 刘益琪 *** 李质平 ****

● **摘　要**

本综述通过对2021年收录于主要中文数据库、国家图书馆以及纸质期刊中的商事仲裁中文类研究文献的检索与整理，以期较客观地展示2021年商事仲裁中文类研究文献的主要内容与基本特征。2021年商事仲裁中文类研究文献在数量上较2020年度有所减少，来源于法学类核心期刊的文献占比亦随之下降，但著作类文献数量增幅显著，源于仲裁专业期刊的论文类文献占比亦较上一年有所增加，且所涉研究对象在仲裁法修订背景下更趋集中，聚焦于国际投资仲裁、多元化争议解决机制等时下现实问题。其中国际投资仲裁问题研究最为瞩目。同时，言之无物的文献明显减少，真知灼见的研究成果则彰彰在目，为我国仲裁立法完善和制度创新提供了强有力的理论支撑。

● **关键词**

商事仲裁　研究现状　中文类文献　年度综述

Abstract: This review aims to objectively index and cover the main content and basic characteristics of Chinese research on commercial arbitration in 2021, by searching and collating literature and books recorded in major

* 贺万忠，外交学院国际法系教授，北京仲裁委员会 / 北京国际仲裁中心仲裁员。

** 向雨暄，外交学院法律硕士研究生。

*** 刘益琪，外交学院法学硕士研究生。

**** 李质平，外交学院法学硕士研究生。

Chinese databases, the National Library and paper journals. The number of Chinese research documents on commercial arbitration and the percentage of literature both show a decrease compared to the previous year. In contrast, the number of monographs has increased significantly, and the proportion of papers from professional arbitration journals is also on the rise from the previous year. In terms of the object of these studies, it demonstrates a greater tendency to concentrate toward international investment arbitration, diversified dispute resolution mechanism that appeared in practice, among which the study of international investment arbitration remains the most prominent. Meanwhile, studies that cover empty verbiage dramatically decreased, whereas insightful research findings were emerging, providing a strong theoretical support for China's arbitral legislation and institutional innovation.

Key Words: commercial arbitration, research status, Chinese literature, yearly review

一、2021年商事仲裁中文类研究文献来源与数据概况

据不完全统计，2021年商事仲裁期刊论文共206篇，著作15部。上述所指研究文献主要源自中国知网（CNKI）、北大法宝等主要中文数据库、纸质期刊以及国家图书馆。笔者于这些平台上均以“仲裁”作为关键词进行检索，并挑选其中以商事仲裁为研究对象的中文研究文献。

（一）著作类研究文献

2021年著作类研究文献共15部，包括中国商事仲裁年度报告2部①、国际投资仲裁问题著作5部②、文化财产争议仲裁问题著作1部③、知识产权仲裁问

① 北京仲裁委员会/北京国际仲裁中心编著：《中国商事争议解决年度观察（2021）》，中国法制出版社2021年版；中国国际经济贸易仲裁委员会主编：《中国国际商事仲裁年度报告（2020—2021）》，法律出版社2021年版。

② 赵玉意：《实践与理性：国际投资仲裁中的环境问题研究》，法律出版社2021年版；银红武：《人类命运共同体构建中的国际投资仲裁反腐法治》，光明日报出版社2021年版；［英］艾瑞克·德·布拉班得瑞：《作为国际公法的投资协定仲裁：程序方面及其适用》，沈伟等译，法律出版社2021年版；焦洪宝编著：《国际投资仲裁案例选读》，南开大学出版社2021年版；陈辉萍：《国际投资仲裁程序问题研究：以ICSID仲裁规则修订为背景》，法律出版社2021年版。

③ 李伟：《文化财产争议国际仲裁法律问题研究》，中国社会科学出版社2021年版。

题著作 1 部[①]、仲裁裁决效力及司法审查问题著作 3 部[②]，以及其他有关商事仲裁问题的综合性著作 3 部[③]。

（二）论文类研究文献

就文献来源而言，206 篇期刊论文中，发表于《中文社会科学引文索引来源期刊 2020—2021 年目录》（CSSCI 来源期刊目录）中 27 种法学来源期刊的论文共 3 篇，发表于非核心期刊上的论文共 203 篇。在非核心期刊中，发表于《北京仲裁》《仲裁研究》以及《商事仲裁与调解》等专业仲裁研究期刊上的文献共 41 篇（参见图一）。

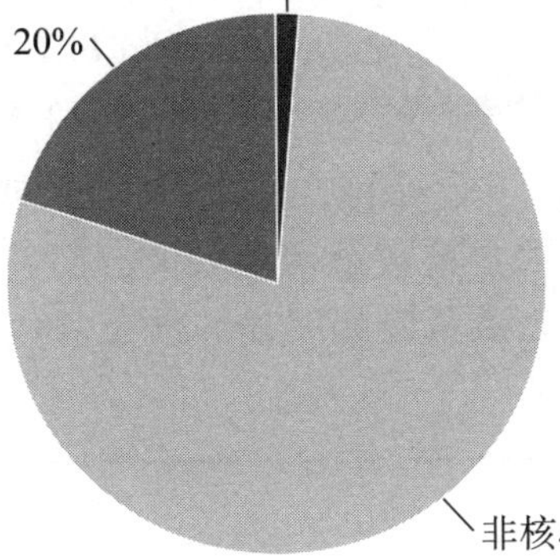

图一　2021 年商事仲裁中文研究期刊论文来源情况

就文献所涉内容而言，2021 年期刊论文主要涉及以下事项：仲裁程序中的主体、仲裁协议、仲裁程序、第三方资助制度、司法监督与审查、仲裁裁决的承认与执行、多元化纠纷解决机制、特殊形式的仲裁、特殊领域的仲裁、自贸区与“一带一路”的仲裁问题，以及域外仲裁立法等（参见图二）。

---

① 深圳国际仲裁院、中国国际仲裁研究院编著：《知识产权典型仲裁案例与实务精要》，北京大学出版社 2021 年版。

② 杨桦：《国际商事仲裁裁决效力研究》，上海三联书店 2021 年版；杨秀清：《仲裁司法审查裁判规则理论与实务》，法律出版社 2021 年版；王伟斌、逄丽丽、黄忠薇：《撤销与不予执行商事仲裁案例精析》，法律出版社 2021 年版。

③ 金彭年、董玉鹏、金莼：《国际商事仲裁法——原理、制度与案例》，浙江大学出版社 2021 年版；王雪林等：《仲裁大咖谈：商事仲裁规则适用》，法律出版社 2021 年版；沈四宝、张丽霞、田锐华主编：《中国商事仲裁与调解百问》，北京大学出版社 2021 年版。

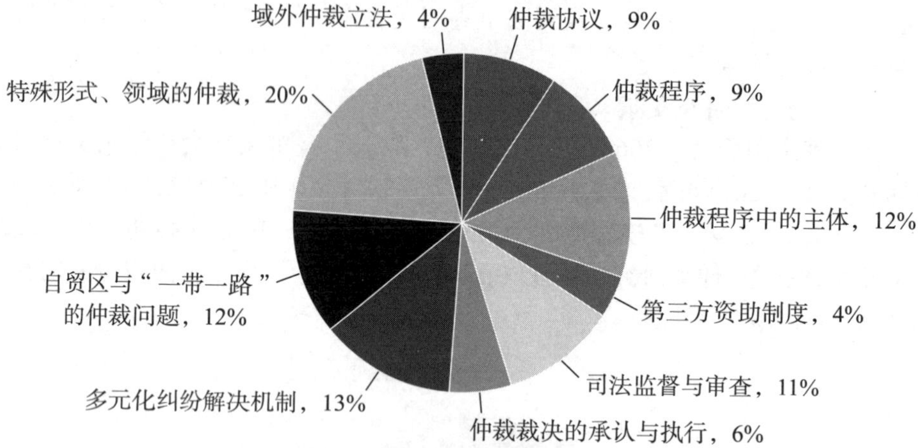

图二　2021 年商事仲裁中文期刊论文研究内容情况

就文献关注事项的年度变化而言，与 2020 年文献相较，关于多元化纠纷解决机制及仲裁协议事项的文献数量增幅较大，而关于仲裁程序、特殊领域仲裁及司法监督事项的文献数量降幅明显。涉及其他方面事项的文献数量基本持平（参见图三）。

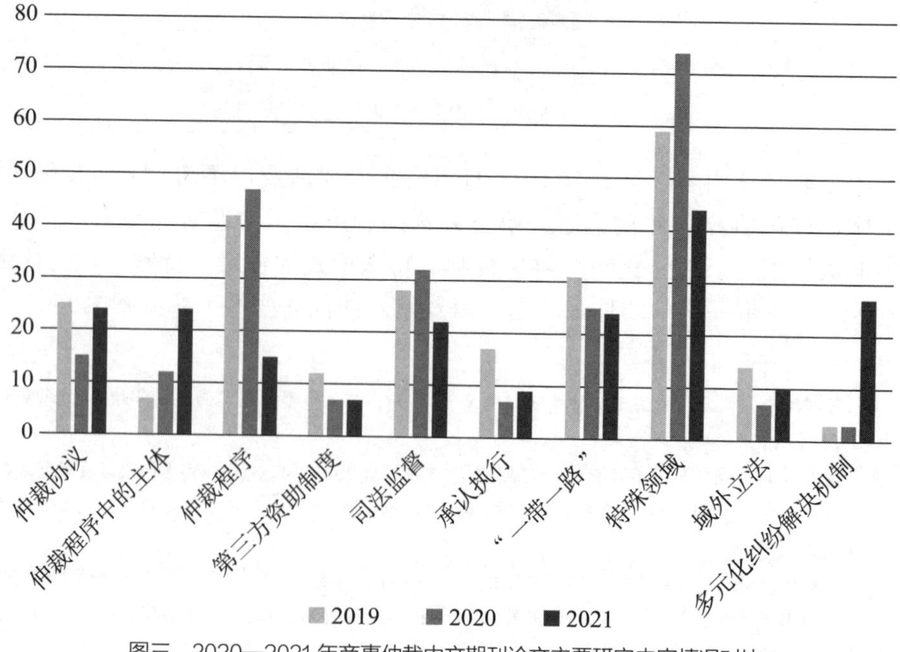

图三　2020—2021 年商事仲裁中文期刊论文主要研究内容情况对比

二、商事仲裁著作类研究文献基本内容

北京仲裁委员会/北京国际仲裁中心（以下简称北仲）发布的《中国商事争议解决年度观察（2021）》旨在记录商事争议解决发展历程，展现商事争议解决发展状况，探索商事争议解决未来发展路径，就商事仲裁、商事调解、建设工程、房地产、能源、投资、国际贸易、金融、知识产权、影视娱乐、体育及民用航空等十二大专题的商事争议解决进行研读；通过对相关领域2020 年以来的争议解决情况的回顾，对所涉及的法律法规进行解读，对热点问题和典型案例予以梳理分析，全面翔实地总结 2020 年以来的商事争议解决，并对未来的发展趋势提出展望与建议。

而中国国际经济贸易仲裁委员会（以下简称贸仲）发布的《中国国际商事仲裁年度报告（2020—2021）》在分析 2020 年中国国际商事仲裁案件数据和中国仲裁法制实践发展的基础上，同步跟踪国内外商事仲裁理论研究动态，探讨中国国际商事仲裁司法审查情况，分析新冠肺炎疫情下国际商事仲裁发展与实践、研究仲裁员利益冲突及回避情形的热点问题，并以金融类仲裁案件作为本年度商事仲裁发展的特别观察重点。

本年度著作类文献，以国际投资仲裁主题为主。其中《实践与理性：国际投资仲裁中的环境问题研究》基于国际投资仲裁中解决环境问题的必然性，深度探讨国际投资仲裁事实认定和法律适用中的环境问题及中国的应对策略。《作为国际公法的投资协定仲裁：程序方面及其适用》阐述国际投资协定仲裁国际公法属性的缘起以及由此对于争端解决程序产生的影响，进而认为投资仲裁是具有优势的公法争端解决方法。这既是争端解决程序本身所产生的结果，也影响到争端解决程序的发展。《国际投资仲裁程序问题研究：以 ICSID 仲裁规则修订为背景》，则在国际投资仲裁方兴未艾，投资仲裁规则不断迭代更新的背景下，选取国际投资仲裁中共同的程序性问题进行理论和实践两个方面的深度研究，为我国政府、实务界和学界提供参考。《人类命运共同体构建中的国际投资仲裁反腐法治》以国际法学理论为主要阐释工具，将人类命运共同体理念引进国际投资法研究框架之内，多学科交叉研究国际投资仲裁的反腐法治问题，通过示范性建构 ICSID 与我国国家机关间反腐法治协作机制，推广我国成功经验，提升我国国际投资法范式创新话语权。

此外，《文化财产争议国际仲裁法律问题研究》基于文化财产国际争议解

决的复杂性与重要性而认为以仲裁解决文化财产争议，较之诉讼和谈判，其优势逐渐得到国际社会的认同。但文化财产争议仲裁在管辖权确定、仲裁主体适格、程序性规则、实体法适用以及仲裁裁决的承认与执行等问题的处理上与其他商事争议仲裁截然不同。基于中国流失海外文化财产的现状，应针对我国现行文化财产争议解决途径所存在的问题构建相应的仲裁机制。

而《国际商事仲裁裁决效力研究》针对仲裁裁决的形式效力和实质效力，以及裁决效力的阻却问题，对两大法系在仲裁裁决效力规定上的异同和相关理论予以比较和梳理，并就我国涉外商事仲裁裁决效力理论予以反思性构建。

三、商事仲裁论文类研究文献基本内容

（一）仲裁法修订

现行《仲裁法》实施至今，成绩斐然，但也显露出一些与仲裁实践需要不相适应的现象。司法部启动仲裁法修订工作，并于2021年7月30日将《中华人民共和国仲裁法（修订）（征求意见稿）》面向社会公开征求意见，理论界和实务界建言献策。

有论者通过对中国社会科学院国际法研究所、北京市法学会立法学研究会与中国仲裁法学研究会于2020年6月联合推出《仲裁专家意见调查问卷》后收集的102份国内仲裁专家回复和6份国际仲裁专家回复的梳理，指出在引入仲裁地概念、确立仲裁自裁管辖权等多个修法焦点议题上已形成显著的专家倾向性意见。同时在网上开庭与电子送达等"前瞻性"立法方面亦形成专家共识。而在纠纷可仲裁性以及临时仲裁合法化等问题上，国内专家意见与国外专家分歧显著，这表明立法需要在仲裁法律制度的国际化与本土适应性上作出适度平衡与合理安排。比照司法部公布的《仲裁法（修订）（征求意见稿）》，多数条文修改与问卷调查反映的专家共识契合，但在电子仲裁协议、仲裁员任职资格以及仲裁员责任豁免等方面仍存有差异。①

至于如何修订的问题，有论者指出，《仲裁法》的修订需要立足国家与社会的二元互动、国内法治与涉外法治的统筹推进及公正取向与效率取向的价值平衡展开。《仲裁法（修订）（征求意见稿）》作为修法的阶段性成果，引出了国内

① 毛晓飞：《法律实证研究视角下的仲裁法修订：共识与差异》，载《国际法研究》2021年第6期，第110—126页。

裁决与涉外裁决并轨与否、裁决撤销与不予执行一体与否，以及机构仲裁与临时仲裁共存与否三大争议点。基于修法的立足点和当前的争议点，在完善该征求意见稿的过程中应继续坚持仲裁裁决程序性审查标准，保持裁决撤销与不予执行并行存在，以及适时分步引入临时仲裁的基本策略，并以提高中国仲裁公信力、尊重仲裁制度自主性和增强涉外仲裁竞争力为着力点。通过对该征求意见稿具体条文的修订，进一步提升《仲裁法》的立法质量。①

（二）商事仲裁中的相关主体

1. 仲裁员的公正与效率。仲裁员的公正性与独立性，关系着仲裁的公正与效率，亦制约着仲裁制度的发展与完善。而仲裁员公正性与独立性受诸多因素影响。故有论者就仲裁员与律师角色冲突而可能导致仲裁不公问题，建议通过增设仲裁员披露义务，统一司法审查标准予以解决。②

除了公平、公正地解决争议的基本需求之外，当事人也追求在时间及费用上高效解决争议。北仲自2019年9月1日起施行的《北京仲裁委员会仲裁规则》，对仲裁案件收费制度和仲裁员报酬计收方式率先开启了全面改革。有论者对此认为，客观来看，北仲实施案件收费制度改革，特别是对国内仲裁案件的小时费率计酬收费，面临多重困难和挑战，但结合仲裁案件的基础环境和特点，北仲以行业内前所未有的决心和魄力，将统一国内和国际案件收费标准、公开机构费用和仲裁员总价计酬金额、提供小时费率计酬选择的改革，一次性集成纳入2019年施行的《北京仲裁委员会仲裁规则》中，是基于对行业发展新问题的深刻思考和对仲裁新需求、新市场的洞见，所作出的里程碑式的抉择，可能将深刻影响甚或改变中国仲裁行业的发展趋势。③

2. 仲裁机构的定位与制度创新。仲裁机构的定位改革是仲裁法修改中呼

① 刘晓红、冯硕：《对〈仲裁法〉修订的“三点”思考——以〈仲裁法（修订）（征求意见稿）〉为参照》，载《上海政法学院学报（法治论丛）》2021年第5期，第54—66页。

② 张建、李希文：《律师仲裁员利益冲突的司法审查：现状、问题、对策》，载《商事仲裁与调解》2021年第5期，第54—77页；张建、丁忆柔：《仲裁员独立性与公正性问题研究——以ICSID仲裁规则为切入》，载《行政科学论坛》2021年第12期，第30—35页；欧阳钦：《论仲裁员的公正性与独立性——以仲裁员信息披露义务为视角》，载《仲裁研究》2021年第1期，第129—138页。

③ 黄瑞：《仲裁案件采用小时费率计收仲裁员报酬的实务问题分析——兼评〈北京仲裁委员会/北京国际仲裁中心关于采用小时费率计收仲裁员报酬的操作指引〉》，载《北京仲裁》2021年第2期，第57—76页；陈希佳：《按时计费的仲裁员报酬：比较LCIA、HKIAC、ICDR的相关规定》，载《北京仲裁》2021年第2期，第77—93页。

声最多的建议之一。有论者指出，基于特定的历史原因，我国大多数仲裁机构的法律地位至今仍是“参照事业单位”。仲裁机构法律地位的改革仍任重道远。《仲裁法（修订）（征求意见稿）》将仲裁机构定位为非营利法人，可能面临规范供应不足的困境。结合民法典构建的法人体系，我国仲裁机构的法律地位宜确定为社会服务机构。对于仲裁机构法律地位的改革，应针对各仲裁机构的实际情况逐步进行，并建立强制退出机制，以淘汰那些无法成功转型的仲裁机构。仲裁法早已规定的中国仲裁协会也应在仲裁机构改革时予以建立，从而实现对仲裁机构有效的外部监督。①

3. 境外仲裁机构的准入。允许境外仲裁机构在内地开展仲裁业务，是我国服务贸易对外开放的应然选择。有论者认为，首先需要《仲裁法》确定以设立登记地作为仲裁机构的国籍标准，以仲裁地作为仲裁裁决的国籍标准，修改《外商投资准入特别管理措施（负面清单）》，在一定条件下允许外国仲裁机构从事中国法律事务。②

4. 案外人权利救济。仲裁当事人通过采取虚构法律关系、捏造证据等方式达到侵害案外人物权、债权或裁决形成的事实对案外人不利的情形时有发生。但仲裁案外人权利救济制度在我国《仲裁法》中阙如。为此，有论者指出，为遏制虚假仲裁，最高人民法院通过司法解释确立了案外人申请不予执行仲裁裁决制度。实践表明，该制度虽能够遏制虚假仲裁，但难以承载仲裁案外人权利救济的全部重任。在案外人语境下，现行案外人申请不予执行仲裁裁决制度是一种将裁决既判力与执行力混同处理的实用主义做法，因案外人撤销裁决制度的缺失导致其难以逻辑自洽。我国未来立法在完善仲裁案外人权利救济渠道时，可在国内仲裁中尝试引入仲裁第三人，并设立案外人撤销裁决制度。同时，应当防止撤销程序对裁决执行的不当干扰，以达到裁决的高

---

① 谭启平：《论我国仲裁机构的法律地位及其改革之路》，载《东方法学》2021年第5期，第150—164页；陈磊、时界、黎家祺：《“三位一体”国际商事争端解决机制中仲裁制度的革新——从国际商事法庭与国际商事仲裁机构的关系切入》，载《仲裁研究》2021年第1期，第1—12页；张朝勇：《我国仲裁机构设置与市场化改革研究》，载《商事仲裁与调解》2021年第1期，第35—46页；田雨酥：《从法律市场视角看国际商事仲裁制度的未来——兼论仲裁机构的改革方向》，载《商事仲裁与调解》2021年第1期，第86—95页。

② 杜涛、朱德沛：《〈仲裁法〉修订背景下境外仲裁机构准入问题研究》，载《商事仲裁与调解》2021年第6期，第3—21页；冯硕：《境外仲裁机构内地仲裁的政策动因与法治保障》，载《商事仲裁与调解》2021年第1期，第76—85页。

效执行和实体公正的合理平衡。[①]

（三）仲裁协议的效力认定

仲裁协议是仲裁之基石，而确认仲裁协议效力案件则是最多发的仲裁司法审查案件类型之一。

仲裁协议效力须依其准据法予以判断。但涉外商事合同准据法对仲裁条款是否具有可适用性，有论者认为，因法律规定不明确导致各法院裁判结果不统一。2018年相关司法解释明确排除了合同准据法对仲裁条款的适用。但依据仲裁条款独立性原则的含义和目的，结合国外立法及相关案例，基于仲裁条款独立性原则而严格排除主合同准据法对于仲裁条款适用的观点，背离了有效性原则，因而需要检讨我国目前严格区分仲裁协议准据法和主合同准据法的做法。[②]

一般而言，争议解决条款具有中立性，而在商事实践中存在一种特殊的争议解决条款——非对称仲裁条款。对此，有论者指出，中国尚未对此有专门规定，司法实践中的意见也并不一致。而非对称仲裁条款是否有效的争议焦点在于我国关于“或裁或审”协议无效的立场是否会成为其效力认定的法律阻碍，以及非对称仲裁条款是否实质违反了我国的“或裁或审”制度。但非对称仲裁条款并不等同于“或裁或审”协议。无论是受益方行使选择权前后还是放弃选择，理论上都不会出现又裁又审问题。[③]

而对于仲裁协议效力的确认主体，有论者指出，确认仲裁协议效力阶段，仲裁机构排除法院判断权应以仲裁机构对仲裁协议效力作出实质性判断为条件。同一当事人不能同时或先后向仲裁机构、法院申请确认仲裁协议效力。仲裁机构认定仲裁协议有效，不影响当事人在撤销或不予执行仲裁裁决程序中再次对仲裁协议效力提出异议。仲裁协议成立问题属于确认仲裁协议效力

---

① 宋连斌、陈曦：《仲裁案外人权利救济制度的反思与再造——从案外人申请不予执行仲裁裁决制度切入》，载《安徽大学学报（哲学社会科学版）》2021年第2期，第89—96页；靳建丽：《对仲裁案外人权利救济法律路径研究——以虚假仲裁为视角》，载《山东社会科学》2021年第1期，第145—151页；马骁：《不予执行还是另行起诉？案外人对仲裁裁决寻求救济的实证研究》，载《北京仲裁》2021年第3期，第80—100页。

② 马一飞：《涉外商事合同准据法对仲裁条款的适用——以仲裁条款独立性为视角》，载《商事仲裁与调解》2021年第1期，第139—147页。

③ 覃曦菡：《非对称仲裁条款在中国的效力认定》，载《北京仲裁》2021年第3期，第101—118页。

案件的审查范围。在主合同未成立的情况下，宜慎重考察主合同中的仲裁条款是否成立。在仲裁协议成立的情况下，应尽量解释认定仲裁协议有效。①

有效的仲裁协议授予仲裁庭以管辖权而排除法院的司法管辖。②但当事人亦可明示或默示放弃仲裁管辖。有论者对此认为，因司法实践中人民法院对仲裁协议默示放弃规则所持态度存在分歧，需对该规则作精细化解释。以双方合意为基础达成的仲裁协议仍需双方合意方可解除，故此应对默示放弃仲裁协议仲裁规则作严格化解释，即行为要件由消极地未提出妨诉抗辩限缩解释为未提出妨诉抗辩且积极地应诉答辩，时间要件由“一刀切”式的首次开庭前修正为动态的实体答辩前。作严格化解释后，仲裁协议默示放弃规则既能避免仲裁管辖与司法管辖冲突与真空的矛盾局面，与诉讼管辖规则合缝衔接，亦能与仲裁协议的妨诉抗辩效力相契合，符合我国强调多元化纠纷解决机制的司法基调。③

近年来，我国鼓励境外仲裁机构至境内开展业务，而在仲裁实践中，频现选择境外仲裁机构的仲裁协议或条款。对于此类仲裁条款的效力，有论者指出，司法实践存在过于遵循司法“惯例”、不当限制意思自治、准据法适用程序与结果失准等审查模式外在缺陷，反映出审判思维、司法导向与法官认知等司法思维内在局限，使司法审查结果呈现广泛、明显分歧。有论者建议，应建立司法审查统一路径，从强调仲裁协议可执行性的原则要素、以负面清单为涉外特征审查标准的性质要素、确定境外仲裁机构裁决为外国裁决的定位要素、纳入类案强制检索机制的技术要素与试点开展司法风险压力测试的管辖要素着手，改善司法审查分歧局面。④

（四）仲裁的类型与方式

仲裁有临时仲裁和机构仲裁之分。基于《仲裁法（修订）（征求意见稿）》

① 朱华芳、郭佑宁：《确认仲裁协议效力案件的实践观察与规则完善》，载《北京仲裁》2021年第1期，第80—103页；王腾：《涉外仲裁协议效力的司法审查标准研究——基于裁判文书的实证分析》，载《韶关学院学报》2021年第7期，第44—49页；马一飞：《涉外商事合同准据法对仲裁条款的适用——以仲裁条款独立性为视角》，载《商事仲裁与调解》2021年第1期，第139—147页。

② 向东春：《论仲裁协议妨诉抗辩效力的转换》，载《仲裁研究》2021年第1期，第61—73页。

③ 肖建国、黎弘博：《仲裁协议默示放弃规则的重构——以〈仲裁法〉第26条后半部分为中心》，载《法律适用》2021年第8期，第21—30页。

④ 秦男：《论选择境外仲裁机构仲裁协议效力的司法审查路径》，载《法律适用》2021年第10期，第126—135页。

对临时仲裁的规定，有论者主张在立法中采用临时仲裁专章规定的立法形式。①也有论者就仲裁法修订如何规范在线仲裁问题进行探索。②

（五）证据制度的运用

证据的运用不仅影响到裁决结果，亦影响仲裁裁决效力。对于仲裁当事人而言，在承担举证责任的情况下未提供证据或提供的证据未为仲裁庭所采信，则承担举证不能可能所致的不利后果。

但我国仲裁法及其司法解释没有关于“证据披露”的规定，而证据披露制度是判断“隐瞒证据”必不可少的前提和基础。在仲裁司法审查实践中，对于“隐瞒证据”的判断是否应以一方当事人提出证据披露要求作为先决条件的问题一直存在不同认识。为此有学者通过总结司法实践中对此问题的不同观点，分析“隐瞒证据”的构成要件、认定标准，论证一方当事人提出证据披露要求是判断“隐瞒证据”成立的先决条件，我国仲裁法的修改应当引入不同于民事诉讼的证据披露制度。③

而与此相反，在国际商事仲裁中，存在保护特权证据在司法程序中不被披露的实践。对此，有学者指出，尽管不同司法管辖区的实践各异，律师—当事人特权已经成为一项成熟的法律制度，在保护特权证据在司法程序中不被披露起到关键性的作用。尽管我国法律也保护律师与当事人关系中获悉的国家秘密、商业秘密和个人隐私，但还没有形成一种能够达到法律特权保护水平的制度，从而在司法和仲裁程序中对抗取证权。我国证据保护的现状使中国当事人和律师在国际仲裁中处于不利地位。因而我国应完善涉外证据保护制度，更好地为“一带一路”国际商事争端解决机制的建立与完善提供充分法律依据和保障。④

在商事仲裁中，对于为生效仲裁裁决确认的事实，当事人无须举证证明。对此，有学者指出，2019 年修正的《最高人民法院关于民事诉讼证据的若干

---

① 何晶晶：《〈仲裁法〉修改背景下我国引入临时仲裁制度的几点思考》，载《广西社会科学》2021 年第 12 期，第 114—119 页。

② 徐伟功、李子牧：《论我国国际商事在线仲裁制度的完善》，载《天津商业大学学报》2021 年第 4 期，第 66—73 页。

③ 李娜：《仲裁程序中“隐瞒证据”的认定——兼论对我国仲裁证据披露制度构建的启示》，载《中国应用法学》2021 年第 6 期，第 202—216 页。

④ 苏伟：《国际仲裁程序中律师与客户间通信证据的特权保护及我国的证据保护制度》，载《北京仲裁》2021 年第 1 期，第 129—160 页。

规定》保留了已为生效仲裁裁决确认的事实在诉讼中免证的规范。在司法实践中，这一规范存在性质解读不一、主体识别不清和客体界限不明的问题。解决这些问题的关键是应当将预裁事实效力明确归为证明效而非拘束效，在法官认为明显违背真实性时得依心证排除。[①]

（六）保全措施/临时措施立法的完善

保全措施或临时措施均是商事仲裁程序中一种临时性强制措施，但两者之间关系如何？现行立法如何完善？引起各界广泛关注。

有论者指出，围绕涉及我国内地仲裁程序的临时措施，主要问题有三：第一，依据我国法律规定，仅法院有权力作出保全措施，但该限制有可能通过仲裁机构制定仲裁规则进行突破：依据当事人选定的仲裁规则，仲裁庭和紧急仲裁员有权力在仲裁程序中作出临时措施。但因我国法律没有授权或要求法院执行此类仲裁临时措施，故这种仲裁临时措施的有效性并不完整，主要依赖于当事人的主动履行。第二，内地仲裁程序中，仲裁庭或紧急仲裁员裁定作出临时救济有可能得到域外法院的承认和执行。此外，当事人还可以向域外法院直接申请临时救济。第三，对域外仲裁程序，长期以来，我国内地法院原则上不会提供关于保全措施的司法协助，而目前《关于内地与香港特别行政区法院就仲裁程序相互协助保全的安排》对此传统规则予以突破，让香港仲裁程序中符合条件的当事人可以直接向内地法院申请保全措施。这见证了"一国两制"下跨境司法协助的创新与重要发展。[②]

关于如何完善相关立法的问题，有论者指出，《仲裁法（修订）（征求意见稿）》对仲裁保全措施作出了重大修改，赋予了仲裁庭发布保全措施的权力。为了进一步完善仲裁保全措施的规定，我国应该在借鉴《国际商事仲裁示范法》相关规定的基础上，结合我国商事仲裁的实践，对保全措施的发布主体、发布条件、承认与执行、紧急仲裁制度以及其他一些制度进一步作出立法完善。[③]

---

① 杨婷：《仲裁裁决确认事实免证规则的反思与重构》，载《政治与法律》2021年第12期，第143—156页。

② 高杨：《中国法下仲裁保全和临时措施制度之研究：现状、问题及新发展》，载《北京仲裁》2021年第2期，第94—126页。

③ 徐伟功：《论我国商事仲裁临时措施制度之立法完善——以〈国际商事仲裁示范法〉为视角》，载《政法论丛》2021年第5期，第139—150页；周琦雄：《仲裁保全决定权分配在司法协助中的应用——兼评最高人民法院〈关于内地与香港特别行政区法院就仲裁程序相互协助保全的安排〉中保全决定权的分配模式》，载《仲裁研究》2021年第1期，第89—101页。

（七）禁诉令制度的运用

我国法律并没有关于禁诉令的明文规定，但禁诉令的使用在司法实践中愈益频繁。有论者指出，禁诉令可以引入仲裁，作为协调司法与仲裁关系的方式之一。尽管我国法院已在多起民事诉讼案件中签发禁诉令，但其与法院为仲裁签发的禁诉令并非同一含义。构建我国的仲裁禁诉令立法，需要遵循国际礼让原则、利益衡平原则、诚实信用原则。在明确仲裁禁诉令的性质属于管辖权裁定的基础上，立法应当对禁诉令的审查条件、违反禁诉令的法律后果作出明确规范，从而为中国仲裁提供坚实的司法保障。①

（八）第三方资助制度

第三方资助对于我国仲裁界而言已不是新鲜现象，但立法阙如。故有论者主张我国应以《仲裁法》修改为契机，适时确立并发展该项制度，并建议从建立资助方信息披露制度以增强仲裁程序公正性，限制信息披露范围以优化保密制度，健全费用担保制度以保障被申请人合法权益等角度加以考量。②

（九）司法监督与审查

仲裁因其专业、高效、保密等特点而受到当事人认可，但亦因其属于民间解决争议的方式而离不开司法的支持与监督。如何处理司法与仲裁之间的关系，则是研究者可不断探索的话题。③

仲裁裁决由仲裁庭作出，但亦须经过必要的核阅。有论者指出，《仲裁法》中尚未确立核阅制度，核阅制度在我国商事仲裁的适用中存在着缺乏法律依

---

① 张建：《国际商事仲裁中禁诉令的适用问题研究——兼论我国仲裁禁诉令制度的立法构建》，载《国际法学刊》2021第3期，第55—77页、第156—157页；翟颖：《仲裁禁诉令的合理性、可操作性及其在我国的应用前景》，载《商事仲裁与调解》2021年第5期，第117—131页。

② 侯霞、郭成：《国际商事仲裁第三方资助制度的发展及应对策略》，载《商事仲裁与调解》2021年第5期，第148—160页；王伟圣：《国际仲裁中第三方资助问题研究》，载《法制与社会》2021年第21期，第51—53页；孙珺、王雨蓉：《第三方资助国际仲裁中仲裁员与受资助方披露义务之比较研究》，载《商事仲裁与调解》2021年第4期，第3—16页；张晓萍：《论国际仲裁第三方资助费用担保中的资金困难》，载《国际商务研究》2021年第2期，第99—108页；汤霞：《第三方资助国际投资仲裁的仲裁费用分配》，载《法治社会》2021年第5期，第56—65页。

③ 李红建：《仲裁司法审查的困境及其应对》，载《法律适用》2021年第8期，第48—59页；佟金彪：《论我国仲裁裁决的司法监督》，载《经济研究导刊》2021年第26期，第155—157页；张镭：《国际商事仲裁裁决既判力制度》，载《仲裁研究》2021年第1期，第25—35页；赵伟、钱菲：《海事仲裁司法审查制度：正当性、制度缺陷、完善思路》，载《商事仲裁与调解》2021年第5期，第15—24页。

据、主体不明确、范围不统一、程序不清晰等问题。构建完备规范的仲裁裁决核阅制度，需要明确核阅的性质、主体、范围与内容、相关程序与后果，也需要注意避免核阅权的绝对化与独立仲裁权的绝对化两种倾向，同时还需要注意仲裁裁决核阅制度的公开性与透明性，以此实现对仲裁裁决质量的有力保障。①

至于仲裁裁决撤销这一司法监督方式，有论者指出，仲裁裁决撤销机制是仲裁司法审查最严厉的制度安排，撤裁依据的设置是其核心，理应得到严格合理的考量。规范涉外仲裁裁决撤裁依据的是《民事诉讼法》第 274 条。该条采取了“法定 + 封闭 + 程序为主”的“穷尽式清单”模式例举了五类撤裁依据。但司法实践中出现了在法定撤裁依据之外援引审查依据，对仲裁裁决进行直接或间接否定的情形。部分法外撤裁一方面表现为逾矩的违法性，另一方面也显现出了存在的合理性。我国立法可建立由正当程序的法定依据、当事人合意的约定依据、社会公共利益的底线依据三者组成的撤裁依据清单，据此可中和封闭性与开放性、法定性与约定性、实体性与程序性的多重取向，兼容公益、法益和私益的多元诉求。②

而对于仲裁裁决不予执行制度的实施现状，有论者指出，司法实践中，法院对仲裁裁决的执行审查存在未另行立案、混淆不予执行及驳回执行申请事由、不予执行事由援引失当等问题，规范性有待提高。网络借贷仲裁、虚假仲裁是法院对仲裁裁决进行执行审查的重点领域。一方面，法院在加强对网络借贷仲裁裁决执行审查的同时，部分不予执行 / 驳回执行申请的论证理由值得商榷；另一方面，案外人申请不予执行仲裁裁决制度存在扩张适用的问题，部分法院忽略对“虚假仲裁”要件的审查。《仲裁法（修订）（征求意见稿）》关于仲裁裁决

① 杨春平、胡小露：《我国商事仲裁裁决书核阅制度的规范性研究》，载《商事仲裁与调解》2021 年第 2 期，第 53—67 页。

② 张春良、官隆清：《论涉外仲裁裁决的法外撤裁》，载《国际法研究》2021 年第 1 期，第 113—128 页；张春良、黄庆：《我国涉外仲裁协议司法审查新规评析》，载《仲裁研究》2021 年第 1 期，第 74—88 页；谭晰文：《论仲裁裁决中的撤销事由》，载《仲裁研究》2021 年第 1 期，第 53—60 页；王传柱：《商事仲裁裁决法律适用相关问题研究》，载《商事仲裁与调解》2021 年第 6 期，第 85—94 页；牛鹏：《仲裁裁决撤销事由中“违反法定程序”的法律适用——以 64 份撤销裁定书为样本的考察（上）》，载《商事仲裁与调解》2021 年第 4 期，第 98—107 页；陈建华：《国际商事仲裁裁决“超裁”的司法认定——基于司法实践视角》，载《商事仲裁与调解》2021 年第 2 期，第 105—117 页。

执行审查制度的修改方向值得肯定，但具体制度设计仍有待完善。[①]

（十）外国仲裁裁决的承认与执行

仲裁裁决因其国籍不同而适用不同的执行制度。而境外仲裁机构的进入，即引发仲裁裁决国籍的认定问题。[②]

而国际投资仲裁裁决的执行则有其特殊性。有论者指出，在国际社会对国家豁免问题逐渐由绝对豁免主义向限制豁免主义转向的趋势下，执行豁免依然具有较强的绝对性。这对国际投资仲裁裁决的承认与执行产生了较大的阻力。面对参与国际交往与竞争过程中可能出现的仲裁风险，中国宜改变长期坚持的绝对豁免立场，在加强限制豁免立法的同时坚持互惠原则，灵活地维护国家与国民的利益。面对执行豁免于短时间内难以突破的现实，我国投资者亦应当充分做好投资前的防范准备，并在裁决执行遇阻后积极寻求多样化的补救措施。[③]

（十一）多元化的纠纷解决机制

商事纠纷的多元化解机制，是国家治理体系和治理能力现代化的重要内容，亦是本年度理论界和实务界关注的热点。

对于我国国际商事争端多元解决机制的建设问题，有论者指出，我国国际商事争端多元解决机制的创新举措层出不穷：诉讼体现在“一站式”的国际商事争端诉讼解决机制；仲裁体现在临时仲裁、临时措施和谈判促进机制方面的创新；调解则主要体现在“一带一路”国际商事调解中心的建立。[④]

而对于多元化解决机制中的调解，有论者指出，商事争议解决方式中的调解具有便捷、低成本和恢复商业关系等独特优势。实践中国际商事调解协

---

① 朱华芳、叶一丁：《仲裁裁决执行审查制度的实践观察及展望——以 2020 年度审结并公开的案件为例》，载《商事仲裁与调解》2021 年第 6 期，第 65—84 页；吴英姿：《论仲裁救济制度之修正——针对〈仲裁法（修订）（征求意见稿）〉的讨论》，载《上海政法学院学报（法治论丛）》2021 年第 6 期，第 127—141 页。

② 沈健、张迎：《境外仲裁机构在中国内地的裁决国籍认定》，载《商事仲裁与调解》2021 年第 5 期，第 40—53 页。

③ 张亮、宁昆桦：《国家豁免对国际投资仲裁裁决有效执行的影响及其克服》，载《政治与法律》2021 年第 1 期，第 96—106 页。

④ 黄佳贝：《我国国际商事争端多元解决机制：创新、影响与展望》，载《商事仲裁与调解》2021 年第 4 期，第 122—141 页；苏伟康：《竞争或协作——论国际商事法庭与国际仲裁的关系定位》，载《仲裁研究》2021 年第 1 期，第 13—24 页；涂广建：《论国际民商事仲裁与诉讼的平行程序》，载《南大法学》2021 年第 4 期，第 15—33 页。

议的执行力问题在相当程度上制约了国际商事争议采用调解方式解决。为此，专家们深入探究和解协议跨境执行问题。[①]其中有论者指出，《新加坡调解公约》确立了国际商事和解协议跨境直接执行机制，但出于监督和解协议及维护执行地国家利益等方面的需要，仍有必要建立和解协议跨境执行审查制度。和解协议跨境执行审查制度在审查对象、审查内容、法律效果等方面区别于外国仲裁裁决司法审查制度，兼具支持、监督、控制和解协议质量、权利救济等方面功能。[②]有论者还就中国商事调解市场的国际化[③]、商事调解员的素质和技能[④]以及粤港澳大湾区多元化纠纷解决机制的建设[⑤]等问题展开研究。

---

① 杜军：《我国国际商事调解法治化的思考》，载《法律适用》2021年第1期，第150—156页；连俊雅：《经调解产生的国际商事和解协议的执行困境与突破——兼论〈新加坡调解公约〉与中国法律体系的衔接》，载《国际商务研究》2021年第1期，第50—62页；苟应鹏：《论非诉调解协议的执行力》，载《仲裁研究》2021年第1期，第102—115页；孙志煜、沈旦：《浅议“一带一路”背景下国际商事和解协议的强制执行效力》，载《法治论坛》2021年第2期，第165—177页；房昕：《〈新加坡调解公约〉背景下我国商事调解协议执行力问题研究》，载《商事仲裁与调解》2021年第5期，第132—147页；张艳、房昕：《〈新加坡调解公约〉下我国商事调解协议的执行力问题研究》，载《法律适用》2021年第5期，第38—45页；张冰：《〈新加坡调解公约〉背景下我国法院执行国际商事和解协议的路径探索》，载《商事仲裁与调解》2021年第5期，第25—39页；房沫、毛沙莎：《我国国际商事和解协议执行机制的构建》，载《广西政法管理干部学院学报》2021年第1期，第70—75页；汤霞：《中国批准〈新加坡调解公约〉的挑战与因应》，载《商事仲裁与调解》2021年第1期，第47—58页。

② 张志国：《〈新加坡调解公约〉背景下国际和解协议跨境执行审查制度探究》，载《北京仲裁》2021年第1期，第161—176页；孙南翔：《〈新加坡调解公约〉在中国的批准与实施》，载《法学研究》2021年第2期，第156—173页；段明：《〈新加坡调解公约〉与中国商事调解的立法选择》，载《商事仲裁与调解》2021年第2期，第17—30页；汤霞：《中国批准〈新加坡调解公约〉的挑战与因应》，载《商事仲裁与调解》2021年第1期，第47—58页；詹秦：从《〈新加坡调解公约〉反思中国现行的商事调解制度及完善建议》，载《商事仲裁与调解》2021年第1期，第59—75页；蔡伟：《从〈新加坡调解公约〉看我国商事调解的改革》，载《安徽大学学报（哲学社会科学版）》2021年第2期，第114—122页；王克阳：《体育调解制度未来发展的理论分析与制度完善——基于〈新加坡公约〉的思考》，载《武汉体育学院学报》2021年第8期，第41—48页。

③ 张金凤：《中国国际商事调解市场的国际化：开拓与反哺》，载《商事仲裁与调解》2021年第4期，第108—121页。

④ 王源泉：《国际实践视野下商事调解员的素质及个人调解的作用》，载《商事仲裁与调解》2021年第4期，第83—97页。

⑤ 邓伟强：《粤港澳大湾区诉讼外调解制度的发展与对策分析》，载《岭南学刊》2021年第1期，第94—102页；姚震乾、吴昊：《论区域商事仲裁平台协同机制——以粤港澳大湾区仲裁联盟为研究对象》，载《探求》2021年第1期，第69—77页。

（十二）特殊领域的仲裁

虽然特殊领域仲裁问题研究文献仅涉及国际投资、知识产权、破产及金融[①]等有限领域，但投资仲裁研究文献数量可观。

1. 投资仲裁。投资仲裁问题仍为本年度关注热点，涵盖投资仲裁的诸多方面。

对于投资争端解决机制（ISDS）的改革问题，有论者指出，ISDS 机制的改革已经提上日程。设立上诉机制和建立常设投资法庭是认可度与可行性较高的改革方案。但鉴于各国对于 ISDS 改革的立场存在较大分歧，国际投资争端解决机制在多元利益格局的影响下可能将向多元生态方向发展。国际投资争端解决要应对碎片化的趋势，应当尊重投资争端解决机制改革的规律性，并实现新旧规则的借鉴与弥合。[②]

在 ICSID 仲裁管辖权争议中，投资者与东道国须围绕 ICSID 公约与涉案投资条约规定的若干管辖权要件进行证明活动。有论者指出，依据一般证明责任分配原则，提出事实主张的一方应当承担具体要件事实的法定证明责任。鉴于 ICSID 裁决撤销机制的有限矫正效果，在管辖权要件的证明上应淡化法定证明责任的说服义务，依靠善意推定来强化举证证明责任的查清事实功能，并以多样化条约解释方法替代证明责任规则在仲裁合意问题上的适用。[③]

关于投资仲裁中法庭之友的问题，有论者指出，法庭之友的广泛参与、有效表达和及时反馈是全球行政法理论下投资条约仲裁的应有之义，完善法庭之友对于国际投资条约仲裁走出合法性危机具有重大意义。结合仲裁规则和最新投资协定相关规则，完善法庭之友规则应明确法庭之友的主要审查标准，

---

① 王龙：《国内金融仲裁规则比较研究——兼论金融改革创新背景下金融仲裁规则的完善路径》，载《商事仲裁与调解》2021 年第 1 期，第 116—125 页。

② 顾天杰：《国际投资争端解决机制改革：守正、创新与多元生态》，载《商事仲裁与调解》2021 年第 6 期，第 105—122 页；张建：《国际投资争端全球治理体系的变革与中国因应》，载《理论视野》2021 年第 11 期，第 68—73 页；金慧湘：《ISDS 机制改革多元治理路径探析——以国际投资仲裁中的“同案不同判”为视角》，载《上海商业》2021 年第 7 期，第 134—137 页；杜玉琼、黄子淋：《国际投资仲裁上诉机制构建的再审思》，载《四川师范大学学报（社会科学版）》2021 年第 1 期，第 97—104 页；杨光：《投资仲裁上诉机制的建构与人权保障》，载《人权》2021 年第 6 期，第 111—123 页。

③ 马明飞、蔡斯扬：《ICSID 仲裁管辖权争议中证明责任适用的局限与克服》，载《社会科学家》，2021 年第 7 期，第 104—111 页。

降低身份、重大利益关系、程序负担等次要标准对法庭之友广泛参与的限制；形成以披露信息、申诉方和被申诉方意见、仲裁庭意见为主要内容的有效反馈模板；通过限定篇幅、允许联合声明、规定时限等方式加强程序控制。[①]

而对于投资仲裁裁决的承认与执行问题，有论者指出，从仲裁形式来看，由于立法的缺失，应当在法源上解决在我国境内作出的临时投资仲裁裁决难以执行的问题。从司法审查来看，上诉改革后解纷体系将形成三重审查模式，可能出现效率过于低下的问题，可允许当事人协商排除司法审查。从国家豁免来看，应消除对管辖豁免与执行豁免在逻辑联系层面上的认识谬误，采区分说以完善国家豁免立法，为承认与执行仲裁裁决留下必要法律空间。从商事保留来看，为了使上诉机制所作裁决可以依据《纽约公约》申请承认与执行，应渐进式放松我国加入该公约时对投资争端适用的限制。[②]

对于国际投资仲裁裁决执行中的国家豁免问题，有论者指出，国际投资仲裁裁决执行机制是投资争端解决程序运行的重要保障，而国家豁免的适用则是投资仲裁裁决执行中难以避免的主要障碍。有限豁免理论并不改变国家及其财产享有豁免的一般原则，只是使国家在特定情况下不享受豁免权的保护。这种豁免例外实际上决定了国家豁免的范围和程度。[③]

此外，有论者就欧盟投资法院裁决执行规定的合法性[④]、国际投资条约仲裁司法审查[⑤]、国际投资仲裁中的腐败[⑥]、股东独立投资仲裁请求与公司法“非

---

① 杜焕芳、郭诗雅：《投资条约仲裁中法庭之友的局限性及其改进》，载《浙江工商大学学报》2021年第6期，第46—57页。

② 汪蓓：《论承认与执行国际投资仲裁裁决面临的挑战与出路——基于上诉机制改革的分析》，载《政法论丛》2021年第5期，第151—160页。

③ 孙南申、李思敏：《国际投资仲裁裁决执行中的国家豁免适用问题》，载《上海对外经贸大学学报》2021年第6期，第99—110页；范晓宇：《投资仲裁裁决执行的国家豁免困境、成因及出路》，载《武大国际法评论》2021年第3期，第118—140页。

④ 连俊雅：《欧盟投资法院裁决执行规定的合法性问题》，载《武大国际法评论》2021年第1期，第114—132页。

⑤ 魏彬彬、及小同：《国际投资条约仲裁司法审查的制度困境与完善路径》，载《国际商务研究》2021年第6期，第74—84页。

⑥ 银红武：《国际投资仲裁反腐法治：概念、困难与因应》，载《湖南财政经济学院学报》2021年第6期，第16—28页；崔起凡：《论国际投资仲裁中腐败的证明标准》，载《商事仲裁与调解》2021年第4期，第31—41页。

间接损失”原则的冲突[①]、国际投资仲裁中的不利推定[②]、国际投资仲裁中的规制权审查[③]等广泛问题展开研究。

2. 知识产权仲裁。大力发展知识产权仲裁，建设知识产权仲裁机构是中国建设知识产权强国的重要保障。为此有论者建议汲取境外知识产权仲裁机构的经验，为我国知识产权仲裁机构的创建提供一定的思路和借鉴。基于扩大国际影响力、矫正异化的多元纠纷解决机制等考量，知识产权仲裁机构应外分而非内设，至于知识产权仲裁机构的程序性规范，既应遵循一般的程序性规范设计，亦应针对知识产权纠纷设计契合其特性的规则。[④]

但知识产权仲裁有其特殊性，有论者指出，知识产权在法律性质、法律规范与法律保护方面与其他民事权利有所不同，知识产权仲裁法律理论在诸多前沿领域尚待深入开掘与拓展。仲裁法下的典型仲裁与仲裁法之外的特殊仲裁在解决知识产权争议、提高知识产权保护的效率与水平方面有重大作用与巨大优势。而域名争议解决、电子商务平台在线争议解决等特殊仲裁则拓展知识产权仲裁的能力与潜力。[⑤]

3. 破产事项的仲裁。破产案件的仲裁具有特殊性。有论者指出，破产程序与仲裁程序均为纠纷处置机制，在针对企业破产问题上，二者的管辖权存在竞合问题。但由于两个程序遵循的理念不同，前者注重社会本位，后者注重个人本位，因此在适用过程中会产生冲突。然而，国际商事仲裁程序与跨境破产程序的冲突并非不可调和的矛盾，究其本质实则社会利益与个人利益的冲突。[⑥]

---

① 李建坤:《论股东独立投资仲裁请求与公司法“非间接损失”原则的冲突》，载《武大国际法评论》2021 年第 5 期，第 134—157 页。

② 崔起凡:《论国际投资仲裁中的不利推定》，载《商事仲裁与调解》2021 年第 6 期，第 39—52 页。

③ 曾建知:《国际投资仲裁中的规制权审查研究》，载《国际经济法学刊》2021 年第 4 期，第 24—41 页。

④ 杜焕芳课题组、杜焕芳:《知识产权仲裁机构建设：理论证成、域外借鉴和制度设计》，载《商事仲裁与调解》2021 年第 1 期，第 96—115 页。

⑤ 薛虹:《知识产权仲裁的特殊法律问题研究》，载《商事仲裁与调解》2021 年第 1 期，第 3—17 页。

⑥ 张建、Doreen Chen Hui Ee:《从隔离到契合：跨境破产在国际商事仲裁场域的嵌入式发展》，载《上海法学研究》2021 年第 9 卷，第 50—56 页；卢晓燕:《跨国破产对域外国际商事仲裁的效力》，载《国际商务研究》2021 年第 3 期，第 77—88 页。

（十三）自贸区与“一带一路”的仲裁问题

“一带一路”倡议与自由贸易区建设背景下的仲裁问题依旧为学界和实务界所关注，但主要聚焦于多元化商事纠纷解决机制[①]、临时仲裁[②]、投资争端[③]和知识产权[④]纠纷解决机制的设计。比如，有论者指出，多元化纠纷解决机制是营造国际一流自由贸易港法治环境和营商环境的重要制度保障。目前，机制的构建面临改革授权力度小、商事纠纷解决专门立法不足、制度不完善等主要难题。中国特色自贸区（港）“事权法治制度环境一体化”的方略和路径以及“特别授权法模式”可以为海南自由贸易港多元化商事纠纷解决机制构建提供思路和方法。[⑤]

（十四）域外立法

本年度关于域外立法的文献并不丰富，主要涉及维也纳国际仲裁中心仲裁与调解规则的修订[⑥]、英国法院对仲裁裁决的司法监督[⑦]、俄罗斯仲裁制度改革[⑧]

① 陈利强、邱梦婷：《海南自由贸易港多元化商事纠纷解决机制构建研究》，载《上海政法学院学报（法治论丛）》2021年第2期，第57—65页；邓和军：《〈海南自由贸易港法〉纠纷解决相关规定探讨》，载《海南大学学报（人文社会科学版）》2021年第4期，第93—99页；牛青云、白玉龙、郭敬涛：《“一带一路”背景下国际商事争端解决机制研究》，载《法制与社会》2021年第4期，第44—45页；徐征徽：《商事仲裁法对我国自贸区建设的价值和意义》，载《法制与社会》2021年第21期，第117—119页；蒋慧：《RCEP背景下中国—东盟商事仲裁协同机制研究》，载《江汉论坛》2021年第8期，第137—144页；齐力：《推动一带一路仲裁法律共同体建设任重道远》，载《中国对外贸易》2021年第10期，第32—33页。

② 许贺振、年芳芳：《辽宁自贸区临时仲裁制度构建的困境与出路》，载《法制与社会》2021年第21期，第120—121页。

③ 唐青阳、亢婧：《“一带一路”背景下ICSID〈附加便利仲裁规则〉的适用》，载《广西大学学报（哲学社会科学版）》2021年第3期，第116—122页；高建勋、莫建建：《“一带一路”倡议下ISDS仲裁机制变革与中国对策》，载《湖湘论坛》2021年第5期，第92—104页。

④ 蒋慧：《RCEP背景下中国—东盟知识产权争议仲裁解决机制构建》，载《江海学刊》2021年第6期，第139—148页、第255页。

⑤ 陈利强、邱梦婷：《海南自由贸易港多元化商事纠纷解决机制构建研究》，载《上海政法学院学报（法治论丛）》2021年第2期，第57—65页。

⑥ 王碧涵、赵健：《〈维也纳国际仲裁中心仲裁与调解规则（2021版）〉评析》，载《商事仲裁与调解》2021年第5期，第3—14页。

⑦ 王芳：《英国法院对仲裁裁决的司法监督探究》，载《黑龙江省政法管理干部学院学报》2021年第4期，第86—91页。

⑧ 范婧昭：《俄罗斯当代仲裁制度改革研究》，载《黑龙江省政法管理干部学院学报》2021年第4期，第114—119页。

及美国专利仲裁制度[①]等事项的研究。

四、结语

商事仲裁是我国多元化解纠纷机制的重要一元。2021 年我国商事仲裁业虽受疫情影响，但业绩依然瞩目。[②]而司法部启动的仲裁法修订工作，更为我国商事仲裁立法的完善和理论研究的深化提供了契机。

2021 年度中文类研究文献“疏远”了仲裁领域的诸多传统事项，而更正视时下的现实问题。国际投资仲裁、多元化解纠纷机制、仲裁协议效力认定、仲裁法修订、境外仲裁机构的准入、证据规则的运用、临时措施 / 仲裁保全、禁诉令、仲裁的司法监督及国家豁免对仲裁裁决执行的影响等成为学界和实务界聚焦的对象。与此相对应，言之无物的文献明显减少，蕴含着真知灼见的研究成果则彰彰在目。

然而，本年度研究文献总体数量减少，来源于法学类核心期刊的文献占比亦随之下降，但源于仲裁专业期刊的文献占比则较上一年有所增加。

我国仲裁发展尚不充分，仲裁制度的优势和功能还未得到充分发挥。在《仲裁法》修订之际，本年度高质量的创新研究成果，将为我国仲裁立法完善和制度创新提供强有力的理论支撑。

① 陈健:《专利仲裁制度研究》，载《北京仲裁》2021 年第 1 期，第 104—114 页。

② 全国 270 家仲裁机构在 2021 年受理案件共计 415889 件，标的额达 8593 亿余元。标的额再创新高。见孙金诚:《让“中国仲裁”成为一张亮丽名片——全国政协“仲裁法的修订”专题调研综述》，载中国网，https://baijiahao.baidu.com/s?id=1734305582984607172&wfr=spider&for=pc，最后访问日期：2022 年 10 月 20 日。

2021年关于中国仲裁和争议解决的英文文献综述

张　舒[*]　章超琳[**]　王　庚[***]

● 摘　要

本文是对2021年发表的关于中国仲裁和争议解决的英文文献综述，共包括26篇期刊、书籍章节、报告等文献。笔者将上述文献归为以下主题：我国仲裁法新发展、仲裁的程序和执行问题、仲裁与其他部门法、香港地区仲裁实践新发展、国际争端解决机制的发展等。这些研究和报告聚焦于我国仲裁与争议解决的热点问题和新动向，代表了相关国际理论与实务讨论中的核心关注。通过对上述文献的归纳和述评，作者试图展现国际平台上对中国仲裁与争议解决的研究中的共识与争议，以帮助中文读者从不同视角来理解相关问题的前沿观点，也希望能够增进中外从业者和学界的沟通。

● 关键词

中国仲裁　争议解决　临时措施　可仲裁性　国际仲裁　国际商事法庭

---

* 张舒，澳大利亚迪肯大学法学院讲师。

** 章超琳，南开大学法学院博士研究生。

*** 王庚，对外经贸大学法学院博士研究生。

Abstract: This manuscript reviews and briefly comments on the literature in English relating to the Chinese arbitration and dispute resolution. It covers 26 journal articles, book chapters, and reports. The review covers the following topics raised in the literature: the development of the Chinese Arbitration Law, the procedural and enforcement issues in relation to arbitration, the interaction between arbitration and other areas of law, the development of arbitration law and practice in Hong Kong, the development of the Chinese dispute resolution mechanism in the international context, etc. The research and reports focus on the trending topics and recent developments relating to Chinese arbitration and dispute resolution and represent the major focus of current theoretical and practical discussions in the international context. The authors aim to illustrate the consents and differences presented the international discussions from a summary of and the commentary on the pieces covered in this manuscript, which might provide the Chinese audience with different perspectives and points of view, and further encourage the communications between Chinese and foreign practitioners and academia with an interest on the Chinese dispute resolution market.

Key Words: Chinese arbitration, dispute resolution, interim measures, arbitrability, international arbitration, CICC

近年来，我国民商事争议解决的市场发展和法律规制有了长足进步，其新动向也受到了业界和学术界的广泛关注。诸多中外学者和实务从业者从不同的角度向国际读者展示了我国的发展动向，并探讨了其中存在的问题。本文作者从 Lexis，Westlaw，JSTOR，SSRN，Kluwer Arbitration 等诸多英文文献数据库中截取了 2021 年发表的关于中国仲裁和争议解决的英文文献，共包括 26 篇期刊、书籍章节、报告等文献，并按其主题分为以下七个部分，并加以简要评述。通过对上述文献的归纳和述评，作者试图展现国际平台上对中国仲裁与争议解决的研究中的共识与争议，以帮助中文读者从不同视角来理解相关问题的前沿观点，也希望能够增进中外从业者和学界的沟通。

一、我国仲裁法新发展

近年来，我国仲裁的法律和实务方面的进展得到了学界和业界的广泛关注。

（一）《仲裁法（修订）（征求意见稿）》的发布

2021年7月，司法部公布了《中华人民共和国仲裁法（修订）（征求意见稿）》（以下简称《征求意见稿》）。该《征求意见稿》应近年来对于1994年《仲裁法》不足之处的讨论和改革呼声，对现行仲裁法律法规作出了重大修改。这也是1994年《仲裁法》生效以来在立法层面的首次改革，因而受到了广泛关注。

Xiaofei Mao对《征求意见稿》和现行《仲裁法》（1994年）进行了逐条对比，梳理了删除、增加和修改的内容。[①] 作者认为，《征求意见稿》迈出了重大步伐，消除了现行《仲裁法》（1994年）中不符合时代变化需求的元素，使中国仲裁制度更加符合国际规范和标准，同时也适合中国国情。[②]Yihua Chen的研究针对性地分析了草案的若干关键条款，介绍了一些重要的仲裁法律和实践变化，对于有待进一步研究的条款以及如何完善仲裁制度，作者也提供了相应的见解。[③]两位学者都注意到了《征求意见稿》在应对老问题方面的不足之处，以及新规定可能带来的新的不确定因素。

1. 新增加的原则

《征求意见稿》在现行《仲裁法》的基础上增加了一些新的原则，包括：（1）善意仲裁的义务（第4条）；（2）法院支持和监督仲裁程序的职能（第10条）；（3）仲裁庭管辖权自决（第28条）；（4）平等待遇（第29条）；（5）当事人在仲裁程序方面的自主权（第30条）；（6）避免不必要的延误和费用的义务（第30条）；（7）仲裁程序的私密性（第31条）。Chen认为，这些指导原则的

---

① Xiaofei Mao, *A Comparison between the PRC Arbitration Law（Revised）（Draft for Comments）and the Current PRC Arbitration Law*, 2（2）Foundation for Law and International Affairs Review 177, 177–219（2021）.

② Xiaofei Mao, *A Brief Commentary on the Proposed Amendments to the PRC Arbitration Law: Adapting to International Arbitration Practices with Chinese Characteristics*, 2（2）Foundation for Law and International Affairs Review 173, 173–176（2021）.

③ Yihua Chen, *Revision of China's Arbitration Law: A New Chapter*, Asian Dispute Review, 23（4）Hong Kong International Arbitration Centre（HKIAC）156, 156–163（2021）.

确立将有助于中国的仲裁法最大限度地支持国际仲裁实践。① 但上述新增原则的解释和适用上，还存在一些问题有待解决。第一，仲裁庭管辖权自决原则条款中规定了对仲裁庭管辖权决定的两级司法审查（第 28 条第 4 款）这与现行做法不同。对于这一问题，Mao 也指出，如果按照《征求意见稿》进行操作，即使人民法院的复议时间以一个月为限，管辖权的审查也可能在实践中遭遇拖延，从而使当事人面临法律和实践中的两难。② 第二，司法不干预仲裁程序的原则在《征求意见稿》中没有得到很好的体现。虽然第 10 条规定了“人民法院依法支持和监督仲裁”，但在仲裁程序中，法院司法权的界限难以界定。对此，Chen 提出，可以从立法技术着手，具体说明法院可以依据哪些条款行使其司法职能，对未列明的事项均排除法院干预。第三，《征求意见稿》第 30 条提出当事人在仲裁程序方面有一定的自主权，但现有立法下可由当事人意思自治的事项和强行性规则之间的界限并不十分明确，如第 37 条应当在仲裁请求中提出的事项，或是第 35 条关于仲裁程序的起始时间等。因此，Chen 建议在条款中加入“除非当事人另有约定”以赋予当事人自主权，区分法律兜底条款和强行性条款。

2. 与仲裁协议和仲裁裁决性质相关的新规定

Chen 指出，从整体上看，《征求意见稿》体现出我国立法机关对仲裁的积极鼓励态度，如《征求意见稿》第 21 条放宽了对仲裁协议的形式要求，在遵守一般适用的合同成立原则（第 22 条）的前提下，当事人只需要表示出将争议提交仲裁的意图，而不再要求其包含对于仲裁机构的选择。

与此相一致的是《征求意见稿》摒弃了过去依赖仲裁机构的性质对仲裁进行判断和分类的做法，并一定程度上允许在涉外案件中使用临时仲裁，同时引入了仲裁地点（the seat of arbitration）概念。这也意味着以参考仲裁机构所在地的概念来确定仲裁裁决国籍的旧方法从立法层面被废除。Chen 对于这一变化给予了正面评价，认为其遵从了国际领先的做法，与《纽约公约》保

---

① Yihua Chen, *Revision of China's Arbitration Law: A New Chapter*, Asian Dispute Review, 23（4）Hong Kong International Arbitration Centre（HKIAC）156, 156-163（2021）.

② Xiaofei Mao, *A Brief Commentary on the Proposed Amendments to the PRC Arbitration Law: Adapting to International Arbitration Practices with Chinese Characteristics*, 2（2）Foundation for Law and International Affairs Review 173, 173-176（2021）.

持一致。[①]Mao 的研究从更微观的视角比较分析了《征求意见稿》与《贸易法委员会示范法》在这一问题上的规定，尤其是在当事人没有约定的情况下，仲裁地点的确定方法存在一些不同。[②]Su Wei 的研究则注意到仲裁地点在承认和执行"非国内裁决"方面的特殊之处。[③]

在仲裁裁决的类型方面，《征求意见稿》延续了对涉外仲裁进行专门规定的做法。仲裁裁决可分为：（1）根据《纽约公约》执行的外国裁决；（2）国内仲裁；（3）在中国内地（大陆）取得的涉外仲裁；（4）香港、澳门、台湾地区作出的裁决。Wei 从执行角度指出，上述区分的必要性之一就在于这些裁决的执行需依照不同的法律，而这需要在立法层面予以进一步完善。[④]Chen 参照了其他国家的立法实践，建议应在《征求意见稿》总则一章中明确中国法律下涉及不同管辖权的仲裁裁决的概念，并在执行一章中增加对不同类型仲裁裁决的执行程序的具体规定。[⑤]

关于涉外仲裁协议的适用法问题，《征求意见稿》第 90 条规定：涉外仲裁协议的效力认定，适用当事人约定的法律；当事人没有约定涉外仲裁协议适用法律的，适用仲裁地法律；对适用法律和仲裁地没有约定或者约定不明确的，人民法院可以适用我国法律认定该仲裁协议的效力。Chen 指出这一做法可能会忽略当事人默示的法律选择。作者建议采用有利仲裁原则并充分尊重当事人的选择，即仲裁协议根据以下任何一种法律有效时，即为有效：（1）当事人选择的法律；（2）仲裁地法律；或（3）当事人没有选择法律时，仲裁协议所涉法律关系的适用法。[⑥]

---

① Yihua Chen, *Revision of China's Arbitration Law: A New Chapter*, Asian Dispute Review, 23（4）Hong Kong International Arbitration Centre（HKIAC）156, 156-163（2021）.

② Xiaofei Mao, *A Brief Commentary on the Proposed Amendments to the PRC Arbitration Law: Adapting to International Arbitration Practices with Chinese Characteristics*, 2（2）Foundation for Law and International Affairs Review 173, 173-176（2021）.

③ Su Wei, *Enforcing China-made Arbitral Awards: The Paradoxes Under the PRC Laws*, 24（4）International Arbitration Law Review 355, 355-377（2021）.

④ Su Wei, *Enforcing China-made Arbitral Awards: The Paradoxes Under the PRC Laws*, 24（4）International Arbitration Law Review 355, 355-377（2021）.

⑤ Yihua Chen, *Revision of China's Arbitration Law: A New Chapter*, Asian Dispute Review, 23（4）Hong Kong International Arbitration Centre（HKIAC）156, 156-163（2021）.

⑥ Yihua Chen, *Revision of China's Arbitration Law: A New Chapter*, Asian Dispute Review, 23（4）Hong Kong International Arbitration Centre（HKIAC）156, 156-163（2021）.

3. 仲裁程序方面的变化

在仲裁程序方面,《征求意见稿》也引入了多项新规定。首先值得关注的是专设仲裁庭机制，类似于国际上的临时仲裁。Mao 指出了仅在涉外仲裁语境下引入这一制度，而第 27 条和第 35 条的概括性规定并未为临时仲裁留有空间，因此可能导致规则体系内部的不融洽性。[①] 此外，对于专设仲裁的生效和送达规则（第 93 条），Chen 指出，专设仲裁裁决及其送达各方的记录应在送达之日起 30 日内提交仲裁所在地的中级法院，如果这是强制性的要求，则存在以不交存为由撤销或拒绝承认和执行专设仲裁的可能。作者认为，关于交存的强制性要求是不必要的；在需要在境外强制执行专设仲裁庭作出的裁决的情况下，这种额外的司法监督更没有必要。

在仲裁员的任命方面，现行《仲裁法》第 13 条虽然没有明确说明仲裁员名册是强制性的，但实践中我国很多仲裁机构均根据此条要求当事人只能从其名册中选择仲裁员。Mao 注意到《征求意见稿》第 18 条第 3 款的措辞中增加了“推荐”一词，这表明当事人可以自由指定仲裁机构提供的仲裁员名册之外的仲裁员。[②]

《征求意见稿》对撤销裁决和暂停执行的相关规则做了较大的修改，第 77 条将目前适用于国内裁决和涉外裁决的机制进行了统一。按照这一安排，涉外裁决的实质审查将在现有的基础上增加两个新的审查理由：采用恶意串通、捏造证据等欺诈手段取得裁决的；收受贿赂、徇私舞弊、枉法裁决。是否有必要保留这两个新的理由作为撤销裁决的理由历来存在争议。Chen 认为《仲裁法》已经列明的其他理由足以支持涉及上述情形的仲裁裁决的撤销，因而不必作出额外规定；此外，在对以欺诈或伪造证据为由申请撤销裁决的时限规定上,《征求意见稿》的规定似乎稍有苛刻。此外，关于应当事方要求的申请撤销裁决是否应保留对当事方的双重救济保护也是有争议的。Chen 还提出可以

---

① Xiaofei Mao, *A Brief Commentary on the Proposed Amendments to the PRC Arbitration Law: Adapting to International Arbitration Practices with Chinese Characteristics*, 2 (2) Foundation for Law and International Affairs Review 173, 173–176 (2021).

② Xiaofei Mao, *A Brief Commentary on the Proposed Amendments to the PRC Arbitration Law: Adapting to International Arbitration Practices with Chinese Characteristics*, 2 (2) Foundation for Law and International Affairs Review 173, 173–176 (2021).

考虑增加允许当事方根据第 77 条的理由对执行命令提出上诉的权利。[①]

最后，在临时措施方面，《征求意见稿》不仅包括财产保全、证据保全和行为保全作为标准手段，而且还允许“必要的任何其他短期措施”（第 43 条），并且认可了仲裁庭作出临时措施的权力。此外，《征求意见稿》第 49 条还纳入了紧急仲裁员制度以辅助临时措施的实施。这一新发展也得到了相当的关注，但 Mao 同时也指出，相关的条款措辞应当更为细致，以避免实践中产生不一致。[②]

（二）外国仲裁机构在我国境内管理仲裁的可行性

我国通过一系列法律法规、司法解释、案例和政策，进一步开放一度封闭的仲裁市场，引进符合国际最佳实践的国际仲裁机构。这些举措体现了中国增强外商投资信心，促进外商直接投资，促进中国经济和国际贸易增长的决心。尤其是 2020 年，国务院发布了《国务院关于深化北京市新一轮服务业扩大开放综合试点建设国家服务业扩大开放综合示范区工作方案的批复》[③]（以下简称《批复》），明确允许主要仲裁机构在北京特定地区设立业务机构，提供仲裁服务。这一举措得到了业界的广泛关注和赞誉。Peihao Yuan 的研究指出，鉴于政府政策通常为立法铺平道路的传统，尽管《批复》还不是现行法律的一部分，但它清楚地表达了政府对这个问题的开放态度。[④] 结合法院对大成气体等与普莱克斯案[⑤] 和布兰特伍德与广东阀安龙案[⑥] 的判决，作者认为我

---

① Yihua Chen, *Revision of China's Arbitration Law: A New Chapter*, Asian Dispute Review, 23（4）Hong Kong International Arbitration Centre（HKIAC）156, 156-163（2021）.

② Xiaofei Mao, *A Brief Commentary on the Proposed Amendments to the PRC Arbitration Law: Adapting to International Arbitration Practices with Chinese Characteristics*, 2（2）Foundation for Law and International Affairs Review 173, 173-176（2021）.

③《国务院关于深化北京市新一轮服务业扩大开放综合试点建设国家服务业扩大开放综合示范区工作方案的批复》（国函〔2020〕123 号）。

④ Peihao Yuan, *Can Foreign Arbitral Institutions Directly Administer Cases in Mainland China?*, 23（2）Asian Dispute Review 67, 67-74（2021）.

⑤ 大成产业气体株式会社、大成（广州）气体有限公司与普莱克斯（中国）投资有限公司申请确认仲裁协议效力案，上海市第一中级人民法院一审民事裁定书（2020）沪 01 民特 83 号。

⑥ 布兰特伍德工业有限公司（Brentwood Industries）、广东阀安龙机械成套设备工程有限公司申请承认与执行法院判决、仲裁裁决案，广东省广州市中级人民法院一审民事裁定书（2015）穗中法民四初字第 62 号。

国行政和司法机关对外国仲裁机构进入中国仲裁服务市场持积极态度，这方面的司法政策可能会推动立法层面的改革，从而进一步吸引到外国仲裁机构进入中国市场。与 Yuan 的积极预期不同，另一份研究的观点相对更为保守。在肯定大成气体案判决结果的同时，James Kwan、Zoe Dong 和 Phoebe Yan 警告说，在最高人民法院对此问题作出明确表态之前，此类仲裁协议和裁决的有效性仍然存在不确定性。①

许多在我国投资的公司在签订合同时都有争议解决条款，规定由外国仲裁机构在我国进行仲裁，这样的仲裁条款是否有效历来存在争议。对此问题，Yuan 结合最新的司法实践作出了肯定的回答。尽管最高人民法院在“神华煤炭案”中认为外国仲裁机构被排除在“仲裁委员会”的范围之外，②但其在随后的“安徽龙得利案”中改变了观点，对“仲裁委员会”作了宽泛解释，认定“仲裁委员会”可以包括国际商会仲裁院等外国仲裁机构。③而在大成气体案中，上海一中院亦采取了宽泛解释。因此，作者认为，规定由外国仲裁机构在我国进行仲裁的争议解决条款是有效的。但 Kwan 等认为该宽泛解释是否能够在司法实践中被一致采纳存在不确定性。由于我国采取大陆法系传统，依赖成文法而非判例法，因此判例在中国司法程序中发挥的作用较为有限；尽管 2020 年最高人民法院发布了《关于统一法律适用加强类案检索的指导意见（试行）》，这代表着中国司法在确保其司法判决一致性方面向前迈进了一步，但是在该意见下建立的制度并不同于普通法下的判例制度，除了最高人民法院公布的指导性案例之外，其他案例对人民法院没有强制约束力。Kwan 等作者认为上述宽泛解释的立场需要《仲裁法》进一步认可。Chen 还进一步注意到《征求意见稿》在这一问题上的进展。④Chen 认为《征求意见稿》摒弃了对仲裁机构的过度依赖，而建立了“仲裁地”这一法律概念，与国际实践一致，

---

① James Kwan, Zoe Dong & Phoebe Yan, *Choosing a Foreign Arbitral Institution in China: Is the China Arbitration Market Finally Opening up?*. 23（1）Asian Dispute Review 26, 26–45（2021）.

②《最高人民法院关于神华煤炭运销公司与马瑞尼克船务公司确认之诉仲裁条款问题的请示的复函》，最高人民法院（2013）民四他字第 4 号。

③《申请人安徽省龙利得包装印刷有限公司与被申请人 BP Agnati S.R.L 申请确认仲裁协议效力案的请示的复函》，最高人民法院作出（2013）民四他字第 13 号。

④ Yihua Chen, *Revision of China's Arbitration Law: A New Chapter*, Asian Dispute Review, 23（4）Hong Kong International Arbitration Centre（HKIAC）156, 156–163（2021）.

因而将改善上述问题中存在的不一致和不确定性，对中国涉外仲裁实践具有重要意义。同时，作者也指出，《征求意见稿》第12条排除了境外仲裁机构在中国设立分支机构或办事处的立法障碍，但这也意味着没有分支机构或办事处的境外仲裁机构仍不能在中国进行仲裁，因此，法律顾问在建议客户指定海外仲裁机构来管理其仲裁时应注意这一点，而立法机关也应进一步明确这是否属于立法的目的。

从上述仲裁条款有效性衍生出的问题是，如果上述仲裁条款有效，基于该条款所作出的仲裁裁决是否可执行？判断其可执行性的依据为何？我国法院过去一度认为仲裁裁决的国籍由仲裁机构所在地决定，故中国境内的外国仲裁机构作出的裁决为“非国内裁决”。[①]，然而，随着我国法院认识到仲裁地与仲裁机构所在地之间的差别，对这一问题的处理也有所改变。Kwan等三位作者注意到最高人民法院个别法官的观点为：仲裁裁决的“国籍”应当与仲裁所在地一致，而不应当与仲裁机构的国籍一致，并对此予以肯认。[②]Yuan认为上述变化为承认和执行这些裁决扫清了法律障碍。[③]笔者观察到，2020年广州市中级人民法院在布兰特伍德公司案[④]中裁定国际商会仲裁院仲裁庭在广州作出的裁决为我国涉外裁决，依据《民事诉讼法》执行，是对上述观点的印证。但笔者提示读者注意，尽管外国仲裁机构在我国管理仲裁案件的可行性得到了进一步确认，但由于法院普遍认为仅有具有涉外因素的案件才可交给外国仲裁机构管理，其仍具有相当的局限性。这在Kwan等作者对国际商事争议当事人在选择境外机构在中国内地进行仲裁时的谨慎建议中也得到了印证。三位作者认为，在涉外因素存在的情况下，如果当事人希望境外仲裁机构管理其仲裁，应选择中国内地以外的一个有利于仲裁的地方，如我国香港

① 笔者注：德高钢铁公司与宁波市工艺品进出口公司案［（2008）甬仲监字第4号］即体现了这一立场。在该案中，国际商会仲裁院（ICC）在我国境内作出的裁决被认为是非内国裁决，并按照《纽约公约》第1条第1款承认与执行。

② James Kwan，Zoe Dong & Phoebe Yan，*Choosing a Foreign Arbitral Institution in China：Is the China Arbitration Market Finally Opening up?*. 23（1）Asian Dispute Review 26，26–45（2021）.

③ Peihao Yuan，*Can Foreign Arbitral Institutions Directly Administer Cases in Mainland China?*，23（2）Asian Dispute Review 67，67–74（2021）；American Bar Association，*International Arbitration*，55 The Year in Review：2020 249，249–273（2021）.

④ （2015）穗中法民初字第62号，2020年8月6日。

或新加坡，以避免仲裁协议的有效性以及裁决的承认和执行方面的任何不确定性。同时，在我国进行仲裁的各方应尽可能选择我国知名的仲裁机构进行仲裁。[①]

二、仲裁中的程序问题

（一）CIETAC 欧洲仲裁中心所涉仲裁法律程序问题

2018 年 9 月 28 日，中国国际经济贸易仲裁委员会（以下简称 CIETAC）在奥地利维也纳设立了 CIETAC 欧洲仲裁中心。Adolf Peter 分析了 CIETAC 欧洲仲裁中心所管辖的国际仲裁，并重点讨论了在维也纳进行仲裁的几个关键法律程序问题。[②] 作者在奥地利法框架下，讨论了《中国国际经济贸易仲裁委员会仲裁规则》（以下简称 CIETAC 规则）、《奥地利商会国际仲裁中心（维也纳国际仲裁中心）仲裁与调解规则》（以下简称 VIAC 规则）及其时间问题。

作者首先关注了追加当事人以及多方当事人、多个合同等应对复杂争议的程序机制。在合并仲裁问题上，奥地利仲裁法没有作出规定，CIETAC 规则为合并仲裁提供了一种方式，而 VIAC 规则赋予仲裁庭更广泛的自由裁量权来批准合并；在追加当事人问题上，CIETAC 规则仅允许仲裁当事人加入仲裁，VIAC 规则不仅允许第三方作为索赔人或答辩人加入，也允许第三方作为无债权的介入方参与仲裁；在涉及多个合同的仲裁合并上 VIAC 规则同样赋予了仲裁庭更大的自由裁量空间。

在涉及消费者的仲裁协议方面，如果仲裁所在地在奥地利，则必须满足与消费者达成仲裁协议的各种严格法律要求，主要涉及奥地利法中保护消费者的强制性规定。根据当地民事诉讼法，企业和消费者之间的事前仲裁协议是无效的；但争议发生之后，双方往往很难再达成一致。此外，涉及消费者的仲裁协议都需要以单独文件的形式签署，企业还必须提供书面法律意见以解释仲裁和法庭诉讼的本质区别。此外，在仲裁开庭地点的确立上，该法赋予了消费者较大的决定权。

---

① James Kwan, Zoe Dong & Phoebe Yan, *Choosing a Foreign Arbitral Institution in China: Is the China Arbitration Market Finally Opening up?*. 23（1）Asian Dispute Review 26, 26–45（2021）.

② Adolf Peter, *Procedural Considerations in CIETAC Arbitrations Seated in Vienna*, 17（1）Asian International Arbitration Journal 41, 41–78（2021）.

此外，作者还关注了在奥地利仲裁法及其他相关法律的框架下，临时措施和保全措施在CIETAC仲裁中的相关程序问题。作者介绍了通过CIETAC欧洲仲裁中心进行仲裁的情况下申请临时措施和保全措施的方法、具体措施内容和先决条件等，并与VIAC规则进行了比较，尤其关注到当前述措施需要在我国执行时会面临的复杂情况。关于CIETAC欧洲仲裁中心是否可以将一方当事人的临时措施申请提交我国法院，作者讨论了可能的几种路径：（1）CIETAC欧洲仲裁中心直接向有管辖权的我国法院作出临时措施或保全措施申请；（2）将申请转交给CIETAC，并由其将申请转交给有管辖权的我国法院；（3）当事人直接向最高人民法院的国际商事法庭提出临时措施申请。作者认为，如果能够更为便利地获得中国法院在临时措施和保全措施方面的协助，将成为CIETAC欧洲仲裁中心的主要竞争优势。

最后，由于我国法院对于非涉外争议交由外国仲裁机构持否定态度，CIETAC欧洲中心是否被认为是"外国仲裁机构"，进而在中国法的限制下只能受理涉外案件，存在一定的不确定性。有鉴于此，作者认为在不能明确争议中是否存在涉外因素的情况下，选择CIETAC欧洲中心仲裁具有一定的风险。但作者留意到中国法院对于"涉外因素"的解释自2015年有所松动。例如，企业位于自由贸易试验区也可被认为是涉外因素的体现。[①] 作者认为，至少在一个合同当事人是外国法人，或者合同双方均为在中国自贸试验区内的外商独资企业的情况下，选择CIETAC欧洲中心更为安全。

（二）国际仲裁临时措施相关的程序法问题

虽然已有学者们研究国际商事仲裁中的临时措施，但由于我国仲裁法下的临时措施（或保全制度）与国际实践存在较大差距，现有文献对此的关注不多。在这一语境下，香港和内地之间的相互执行仲裁裁决的新进展被理论与实务界所关注。[②] 美国律师协会关注到，截至2020年10月22日，香港国际仲裁中心已向内地法院提交了32宗临时措施申请；内地法院批准了至少17

① 笔者注：例如，西门子国际贸易（上海）有限公司诉上海黄金置地有限公司仲裁裁决民事裁定书，（2013）沪一中民认（外仲）字第2号，2015年11月27日。该案立场在2016年《最高人民法院关于为自由贸易试验区建设提供司法保障的意见》（法发〔2016〕34号，2016年12月30日）中得到了进一步确认。

② American Bar Association, *International Arbitration*, 55 The Year in Review: 2020 249, 249–273 (2021).

项财产保全申请，寻求保留的资产总额约为 107 亿元人民币（约 16 亿美元）。Raymond Gao 在关注到内地与香港之间临时措施法律协助制度发展的同时，还对我国法律框架下的仲裁临时措施进行研究，并评估了中国跨境仲裁的法律框架。[①]

在我国现行法律框架下，法院独享作出临时措施的权力。尽管主要仲裁机构最近修订的仲裁规则赋予了仲裁庭发布临时措施的权力，但在法律层面未对此予以肯认的前提下，在我国法律所管辖的仲裁程序中仲裁庭作出临时措施仍然受限。因此，作者考虑了仲裁当事人通过战略性地寻求域外协助以获取临时措施或执行临时措施的可能性。例如，在我国仲裁的当事人可以要求在我国仲裁庭作出的临时措施在域外执行，这在 GKML 案中已经得到了体现。该案是北京仲裁委员会所受理的中国内地首例适用紧急仲裁员程序的仲裁案件，其中紧急仲裁员颁布的临时措施在香港法院得到了执行。另外，《关于内地与香港特别行政区法院就仲裁程序相互协助保全的安排》（以下简称保全安排）[②] 更使得香港法院为内地进行的仲裁作出临时措施提供了便利。例如，在 Chen Hongqing *v.* Mi Jingtian 案中，香港法院为 CIETAC 管理的仲裁程序中所涉的股份指定了托管人。[③] 作者指出，这些案件表明了内地仲裁的当事人有可能在香港法院获得临时措施或者使临时措施得到执行，从而确保仲裁程序的顺利进行。此外，《保全安排》[④] 亦使境外仲裁当事人向内地司法机关申请临时措施成为可能。Gao 认为，这些最新的进展表明了我国支持仲裁的立场和在促进仲裁效率方面的突破。尽管其他司法管辖区之间是否也可参考同样的协助跨境仲裁的司法协助模式还需要研究，但香港与内地相互支持仲裁发展方面所发挥的作用已经得到充分展现，这有助于巩固香港在国际商事实践和争议解决方面的地位。

---

① Raymond Gao, *Bridging an Access-to-Justice Gap for International Commercial Dispute Resolution: Recent Development of Interim Measures in Cross-Border Chinese Arbitration*, 59 Columbia Journal of Transnational Law 608, 608–684（2021）.

② 法释〔2019〕14 号。

③ Chen Hongqing *v.* Mi Jingtian, unreported HCMP 962/2017, ¶ 19（C.F.I. June 27, 2017）（Legal Reference System）（H.K.）.

④ 法释〔2019〕14 号。

（三）证据法方面的发展

最高人民法院颁布了《最高人民法院关于知识产权民事诉讼证据的若干规定》（以下简称《知识产权证据规定》），[①] 其中第8条涉及仲裁机构生效裁决的文书证明问题："中华人民共和国领域外形成的下列证据，当事人仅以该证据未办理公证、认证等证明手续为由提出异议的，人民法院不予支持：（一）已为发生法律效力的人民法院裁判所确认的；（二）已为仲裁机构生效裁决所确认的；（三）能够从官方或者公开渠道获得的公开出版物、专利文献等；（四）有其他证据能够证明真实性的。"对此，美国律师协会成员给予了相当积极的评价，认为这种新的证据规则将大大减轻外国当事人在获取文件认证证据和遵守其他手续要求方面的负担，因而将受到美国企业的欢迎。[②]

三、仲裁裁决执行中的法律问题

Peihao Yuan 分析了外国仲裁机构在中国作出的裁决得到承认和执行的法律依据和司法途径。[③] 在前文已经提及，我国法院在最近的案件中已将中国境内外国仲裁机构作出的仲裁裁决视为涉外裁决。因此，作者认为当事人可以根据《民事诉讼法》第273条的规定直接向被申请人住所地或者财产所在地的中级人民法院申请执行。但是 Kwan 等作者认为，当事人选择在中国内地执行裁决时《纽约公约》无法适用，而我国民事诉讼法的司法审查相对更为严苛。[④]

Su Wei 对我国法院的相关司法实践进行了研究，[⑤] 其中也关注到了外国机构在我国作出的仲裁裁决的执行问题。作者认为，《纽约公约》对于外国仲裁裁决的定义存在模糊性和滞后性，而我国立法层面对于仲裁协议的一系列要素规定较为严苛，如要求仲裁协议必须选定仲裁委员会。而在实践中，对于仲裁采取"国内仲裁""涉外仲裁"和"外国仲裁"的三分法，以及缺乏对仲

① 法释〔2020〕12号。

② American Bar Association, *China*, 55 *The Year in Review*: *2020* 49, 49-60（2021）.

③ Peihao Yuan, *Can Foreign Arbitral Institutions Directly Administer Cases in Mainland China?*, 23（2）Asian Dispute Review 67, 67-74（2021）.

④ James Kwan, Zoe Dong & Phoebe Yan, *Choosing a Foreign Arbitral Institution in China*: *Is the China Arbitration Market Finally Opening Up?*. 23（1）Asian Dispute Review 26, 26-45（2021）.

⑤ Su Wei, *Enforcing China-made Arbitral Awards*: *The Paradoxes Under the PRC Laws*, 24（4）International Arbitration Law Review 355, 355-377（2021）.

裁地的认识等做法与国际普遍的实践也存在一定差距，而其中关于“涉外因素”的定义、“仲裁委员会”是否包含境外成立的仲裁机构等一系列问题存在立法层面的不确定性。这对各类裁决在我国法院的执行均造成了不同程度的影响，其中外国仲裁机构在我国作出的仲裁裁决在我国法院的执行更是具有相当的不确定性。因此，作者建议在立法层面上对“外国裁决”的概念作出厘清，从而理顺上述问题。

Zhixun Cao 讨论了我国法院执行中的法律问题，其中也涉及仲裁裁决执行领域的相关问题。[①] 例如，近年来我国民事案件中出现了大量的合谋行为，这使得执行程序受到了诸多质疑，如何在执行程序中对合谋予以处理是亟待解决的法律问题。合谋是判决债务人与恶意第三人之间用以对抗判决债权人的恶意约定。作者观察到，中国的仲裁法领域也存在着类似的问题，尽管人们普遍认为在仲裁领域，商事仲裁实践应遵循国际标准，但由于这类案件的大量存在，自 2020 年以来的修法讨论中始终存在对于可能存在恶意仲裁情况的仲裁裁决加以实质性干预的呼声。囿于该文主题，作者并未对恶意仲裁问题加以过多延伸，但这一问题值得我国仲裁和司法界人士在《仲裁法》改革的语境下深入思考。

四、仲裁与其他部门法的互动

（一）反垄断索赔的可仲裁性

由于反垄断法的公共性，民间与反垄断法相关的案件长期以来一直被认为是不可仲裁的，尽管不可仲裁的范围可能因法域而异。但随着公共执法和私人纠纷解决之间的界限日益模糊，私人反垄断争议的可仲裁性成为一个备受争议的话题。壳牌诉汇力案[②] 是在这一领域的里程碑式案件。在该案中，最高人民法院指出，当事人的仲裁协议不能成为排除人民法院对垄断协议纠纷的管辖。这一案件引发了各界热议。Qingxiu Bu 围绕这一案件，对中国、美国

---

① Zhixun Cao, *On the Civil Enforcement Organ in China*, 9 (4) China Legal Science 106, 106–129 (2021).

② 上诉人壳牌（中国）有限公司与被上诉人呼和浩特市汇力物资有限责任公司横向垄断协议纠纷案，最高人民法院（2019）最高法知民辖终 47 号。

和欧盟之间的反垄断纠纷的可仲裁性进行了比较分析。[①] 作者分析了美国反垄断争议可仲裁性的法律演变，以及以 Eco Swiss 案 [②] 判决为基础的欧盟法律发展。作者认为，最高人民法院在壳牌案中的说理基于反垄断法在公共领域的价值，即促进竞争经济中的公共政策，但这一理由缺乏充分的法定依据，因为现有立法虽未提及通过仲裁解决反垄断问题，但也未明确排除其适用；其不能作为我国法律完全拒绝反垄断争议可仲裁的可能性。从美国和欧盟的法律发展来看，其对于反垄断问题的可仲裁性均有一个从否定到肯定的接受过程，而其现在的实践趋势也表明，特定法律的公共性已不再被视为确定反垄断纠纷可仲裁性的决定性因素。由此，作者认为，考虑到中国的发展速度以及不断增加的跨境投资流入，中国有可能也有必要改变立场，采取与欧盟和美国等其他主要法域更为一致的做法。这也将进一步明晰解决跨国反垄断纠纷的国际合作相关问题。Gordon Blanke 也在给予壳牌诉汇力案判决相对正面的评价的同时，指出了判决文书推理与结论部分似乎存在的不足，尤其指出其所援引的《仲裁法》本身并未对反垄断纠纷的可仲裁性作具体规定。[③] 针对法律未尽事宜，采用不同的解释方法可能会得出不同的推理结果，仲裁法语境下如何处理前述法律未尽事宜导致的情况有待立法和司法的进一步明确。

（二）《反外国制裁法》对国际商事仲裁的影响

2021 年 6 月 10 日，我国《反外国制裁法》颁布并生效。该法为中国应对外国对其施加的单边制裁提供了法律支持，并允许在适当情况下采取积极的反制措施。Wilson Wei Huo 认为，这会对国际经济和贸易活动产生重大影响。作者分析了该法对国际商事仲裁的可能影响，主要集中在仲裁程序的启动，仲裁庭的组成，仲裁裁决的审理、承认和执行等方面。[④]

对仲裁程序的启动而言，《反外国制裁法》可能有三个方面的影响。第一

---

① Qingxiu Bu, *The Arbitrability of Antitrust Disputes: The Critics of The Chinese Supreme People's Court in Shell v Huili*, 14 (3) Global Competition Litigation Review 89, 89–101 (2021).

② Eco Swiss China Time Ltd. *v.* Benetton International N.V., Case C–126/97, ECLI: EU: C: 1999: 269.

③ Gordon Blanke, *SPC Confirms Arbitrability of Antitrust Claims Under Chinese Law*, 14 (3) Global Competition Litigation Review 26, 26–27 (2021).

④ Wilson Wei Huo, *The Impact of the PRC Anti-Foreign Sanctions Law 2021 on International Commercial Arbitration*, 23 (4) Asian Dispute Review 164, 164–171 (2021).

是反制措施对仲裁协议有效性的影响。作者认为，除非法律另有规定，中国有关部门依据该法采取的反制措施原则上不会影响被采取措施对象所签订的仲裁协议的效力，但会妨碍当事人启动仲裁程序的意愿和决心。第二是反制措施对仲裁机构职能的影响。反制措施可能会影响仲裁机构对仲裁案件的登记和管理，但取决于如何解释和适用该法第 6 条第 3 款下的“交易”和“合作”。第三是反制措施可能会影响仲裁费用的支付，同样是基于上述两个术语范畴不明的情况，银行可能会拒绝或扣留付款。

作者还分析了《反外国制裁法》对仲裁庭组成、仲裁审理和仲裁参与人的影响。

如果仲裁一方被列入反制清单，仲裁庭至少有两个担忧：（1）收取仲裁费用是否构成“交易”；（2）其行政、管理、裁决和参与仲裁过程，包括召开程序性会议、征求各方对仲裁程序安排的意见和组织听证会，是否被视为第 6 条第 3 款规定的“合作”。如果上述活动被纳入，法庭将不可避免地面临两难：如果仲裁继续进行，它将违反《反外国制裁法》，并被追究法律责任，而如果它遵守《反外国制裁法》，它将被迫不能履职。与对仲裁当事方施加的制裁相比，对仲裁员及其机构施加的制裁可能相对较少。但如果仲裁员及其机构直接或间接参与制定、决定和实施对中国个人和组织的歧视性制裁，也可能成为中方反制措施的目标。

最后，仲裁裁决的执行也可能受到影响。如果仲裁裁决与《反外国制裁法》规定的反制措施冲突，该裁决在我国的可执行性存疑。作者认为，只有在侵犯基本法律原则、社会根本利益、国家主权、司法主权、公序良俗或中国法院管辖权的情况下，才能适用公共政策拒绝执行仲裁裁决。基于对我国司法实践的观察，作者认为，我国法院在对涉嫌违反公共政策的案件进行分析时将继续保持谨慎和保守的立场，但这有待最高人民法院予以进一步确认。作者也提示，即使仲裁裁决能够得到承认和执行，相关反制措施也可能阻碍执行的实现。

为了有效地估测和管理《反外国制裁法》对国际商事仲裁可能产生的影响，确保受其影响的仲裁有效进行，并避免因忽视或轻视该法而可能承担法律责任的风险，作者建议：首先，仲裁当事人应密切关注中国反制裁立法在其所涉案件中的适用情况。通过尽职调查或其他适当手段，尽早确定其他当事方、仲裁员和仲裁的其他相关参与者是否在公布的反制清单上，并且在必要时进一步评估合规风险并采取措施，如质疑提名的仲裁员等。其次，仲裁员在接受任命之前应了解仲裁的任何一方是否受到《反外国制裁法》的反制措施的约束。如果仲裁涉及反制措施所针对的当事人，仲裁庭应考虑反制措施是否适用、适用程度如何，以及对仲裁程序以及对裁决的承认和执行的影响。其他仲裁参与人，如法定代表人、事实证人、鉴定人等，也应提高注意，以避免参与仲裁所带来的法律和道德风险。最后，仲裁机构，特别是在中国进行仲裁活动的仲裁机构，还应密切关注中国反制裁法律法规的变化，认真评估相关规则对仲裁案件登记和管理的潜在影响，应当与中国有关部门建立必要的沟通协调机制。此外，仲裁机构还可以发布实践指南或报告，以呼应仲裁从业人员对反制措施的关切，协助执行和管理与制裁有关的仲裁程序。

（三）破产法与仲裁

在新冠疫情蔓延的情况下，各类商事纠纷频发，企业面临的破产风险也有所提高。因此，企业可能不得不处理针对无力偿债方的仲裁，或由法院指定的无力偿债从业人员提出的仲裁，从而使得如何在仲裁程序中处理相关破产事宜成为重要议题。破产程序和仲裁程序有着截然相反的政策考虑。前者要求集中和公开透明，以确保债务的公平偿付，而仲裁是以私密和当事人自治为导向的，当事人在其中的话语权也更大。因此，这两种法律程序并行时则可能会发生冲突。William Lu 通过对中国与英格兰、威尔士和新加坡等地的司法判例进行比较，讨论了中国的破产法和仲裁法如何相互作用或影响，以及仲裁一方为破产公司时仲裁协议在基础合同中的地位。[①]

作者集中讨论了破产和仲裁方面的几个核心问题。第一，如果合同中含有仲裁条款，法院是否应当终止或驳回债权人提出的清算请求？中国没有法律条文明确规定仲裁协议可以管辖存在破产可能的债务争议的情形，但从我国法院在许多案件中的做法来看，我国法院通常认为，根据 2002 年《最高人民法院关于审理企业破产案件若干问题的规定》[②]，清算程序不是对有争议债务作出裁决的适当平台，债权人应单独提起诉讼以证明债务。第二，在对破产公司启动破产程序后，索赔人是否仍可对其提起仲裁程序？根据《最高人民

① William Lu，*Arbitration and Insolvency Proceedings*：*The Chinese Law Perspective*，23（1）Asian Dispute Review 18，18–25（2021）.

② 法释〔2002〕23 号。

法院关于适用〈中华人民共和国企业破产法〉若干问题的规定（三）》[①] 第 8 条的规定，只有债权人、债务人就债权表上的债权有异议，而管理人不予解释或调整，或经解释、调整后仍不服的，异议人方可启动仲裁程序。第三，在对仲裁一方提起破产程序后，正在进行的仲裁程序能否继续进行？最高人民法院在利盛通案[②] 中处理了这一问题。法院认为《企业破产法》要求债务人进入破产程序的情况下，其相关诉讼和仲裁程序应中止，待管理人接管债务人财产后方可继续进行，然而本案中仲裁程序并未在破产申请得到法院受理后中止。但本案中，管理人在仲裁调解书送达后对实体问题予以审查且未表示异议，且在债权人据该调解书申报债权时仅认可了本金金额。据此，法院认为尽管仲裁程序不当，但管理人已经履行了职责，避免了实体错误，因此维持仲裁调解书效力。作者认为，这一案件的结论存在个案特殊性，需要在实务中予以注意。此外，作者还简要分析了破产管理人在仲裁程序中代表的破产当事人的权责，破产法对当事人在仲裁程序中实质性权利的影响，以及国际语境下的跨境破产与仲裁之间的互动等。具有普遍性的结论是，破产不会自动使破产方在仲裁程序开始前订立的仲裁协议无效，管理人也不能否认仲裁协议。公司破产后，仍可对其提起或继续提起仲裁程序，但应考虑到破产程序对仲裁程序的影响，以及仲裁庭应当避免处理非可仲裁的事项。尤其在跨境争议中，仲裁当事人与裁决者应当注意到所涉破产法的强行性规定，以避免仲裁程序受到干预，或影响其裁决的可执行性受到负面影响。

五、香港地区仲裁新发展

我国香港地区始终被认为是国际著名的仲裁港。香港终审法院前首席法官 Tao-Li Geoffrey Ma 于 2020 年 10 月 23 日在香港举行的亚洲 ADR 会议（ADR in Asia Conference）上致开幕词，其报告题为《香港及其在国际仲裁中的角色》。[③] 在报告中，首席大法官主要强调了法治在保证法院和仲裁庭的公平、

① 法释〔2020〕18 号。

② 申请人深圳市利盛通实业有限公司与被申请人中铁十一局集团建筑安装工程有限公司等普通破产债权确认纠纷案，（2019）最高法民申 2565 号。

③ Tao-Li Geoffrey Ma, *Hong Kong and its Role in International Arbitration*, 23（1）Asian Dispute Review 4, 4-9（2021）.

公正、中立和独立决策方面的重要性。报告指出，在分析任何仲裁地点的吸引力时都会讨论其当地的法律制度和司法机构的声誉，因为司法与仲裁都是实现对法律纠纷的公平和公正裁决的途径。因此，香港若要维持其在国际仲裁领域的声誉，必须从客观和经验角度证明司法和仲裁在本地运作良好，而这是建立在法治基础之上的。对于裁判机构而言，政治和政治偏见不应当影响法律层面的争议解决。该法的其他方面还包括：支持香港的普通法传统，坚持“一国两制”的模式等。在这一制度的支持下，众多国际律师事务所在香港提供法律服务，特别是在争议解决和仲裁领域。

报告还归纳了衡量司法声誉的六个核心指标：第一，法律制度的透明度，包括司法公开性；第二，判决包含明确的说理；第三，由说理说表现出的，法院对法律、法律和原则法律精神的坚持；第四，法官的任命也是决定司法机构独立性的一个相关因素，其选拔以司法和专业素质为基础，并还要考虑诚信；第五，司法公正的可及性；第六，法院的“用户”（尤其是律师）对司法系统的信心。这六个指标同样适用于仲裁：仲裁裁决虽然不对公众公开，但是向当事人及其律师提供；法律仲裁和判决一样，其论理也需要展示仲裁庭是如何根据适用的法律、法律原则和精神作出裁决的；仲裁员的选拔同样具有资质和能力要求；在可及性方面，值得考虑的是仲裁使用者是否可以选择具有适当能力的仲裁员；最后，仲裁使用者对某一法域的评价意见可以说明该司法辖区提供的仲裁服务是否适宜。从整体上来看，大法官认为香港的司法和仲裁皆能在上述各方面获得较高评价。

香港于2017年对国际仲裁法规进行了关于第三方资助仲裁的改革。Caroline Kenny集中比较了中国香港、澳大利亚、新加坡、英国四个法域对第三方资助仲裁的规制模式。[①] 从整体上来看，英国和澳大利亚的第三方资助争议解决的市场相对成熟。英格兰和威尔士对第三方融资行业采取不干涉的监管方式，更倾向于自我监管。澳大利亚对这一行业的监管一直相对混乱，“一般禁止加特殊豁免”模式下，该行业的发展空间受到立法层面变革的影响。自2020年以来，澳大利亚的新规定要求第三方资助者持有澳大利亚金融服务许可证，

① Caroline Kenny, *A Comparison of Singapore and Hong Kong's Third-Party Funding Regimes to England and Australia*, 87（2）Arbitration: The International Journal of Arbitration, Mediation and Dispute Management 170, 170–190（2021）.

这被认为是上述四个法域中最为严格的监管措施。新加坡和中国香港的立法运作大致相同：从传统普通法出发，助讼、唆讼具有非法性，而从立法层面将第三方资助仲裁列为例外，为其发展创造了空间，但并非对所有第三方资助行为一概支持。此外，四个法域之间也有一些共同的标准，如要求第三方资助者具有一定的偿付能力。除新加坡外的三个法域都禁止资助者进行误导性广告宣传；都要求资助者采取足够的措施，确保潜在客户在签署第三方资助协议之前获得独立建议；都禁止资助协议赋予资助方基于法律规定以外的理由终止协议的任意裁量权。

在第三方融资的监管上，Caroline Kenny 重点回应分析了目前实践中的三个关键问题在不同法域的处理方式，并指出其中很多问题尚未得到妥善解决。第一个是第三方融资涉及的成本问题，这一问题又可以细分为四个子问题。第一，第三方出资人支付的费用能否收回？作者认为这个问题在很大程度上与国家仲裁法律和仲裁机构规则中的规定相关，也取决于仲裁庭的自由裁量。第二，第三方出资人支付的哪些费用可以收回？对此，各个法域均缺乏整体上较为明确的法律规定。第三，由于仲裁的协商一致性质，仲裁中的费用裁决通常不能针对非当事人作出，英国和澳大利亚的仲裁法均未赋予仲裁庭对非当事人作出诉费裁决的管辖权，但中国香港和新加坡没有明示，有待进一步探索。第四，四个法域都赋予仲裁机构要求就诉讼各方对相关费用作出担保的权力，但目前尚未明确将此权力扩大到对第三方资助者。第二个关键议题是第三方资助仲裁的披露问题。新加坡和中国香港均要求律师和当事人向仲裁对方当事人披露第三方资助的存在，但澳大利亚和英国缺乏法律上的明确规定。最后一个问题涉及对第三方资助者对于当事人争议解决策略的话语权，英国和中国香港对第三方投资者在当事人仲裁中的话语权有所限制，而澳大利亚和新加坡对此未有明确规定。

Can Eken 对中国香港和新加坡两地的第三方资助仲裁进行了对比分析。[①] 作者认为，两个法律尽管采取的规制方式大体相似但在细节各方面存在差异。例如，新加坡在法律层面对于第三方资助仲裁的规定较少，但相关机构在实务中发挥了更积极的作用，为律师、仲裁员和资助者提供了实践指引。相比

---

① Can Eken, *A detailed comparison of third-party funding regulations in Hong Kong and Singapore*, 19 (1) Asia Pacific Law Review 25, 25–46 (2021).

之下，香港的《业务守则》（Code of Practice）由立法会出版，但并非强制性规则，与英格兰和威尔士的第三方融资守则相类似。Can Eken 通过对两地法律框架的比较研究回答了两个重要问题：哪些法律可以为资助者创造更好的条件？可以以哪些措施来进一步改善这些条件？从这一角度来看，新加坡和中国香港的法律都有待经历进一步立法的考验。同时，各地法律规制框架的发展也取决于当地的市场状况。新加坡的优势在于其法律的生效比中国香港早得多，因而其第三方资助业务的市场也比中国香港发展得更早。但中国香港的优势在于规则更灵活，对投资者可能更具吸引力。

美国律师协会关注到中国香港在仲裁裁决非货币救济的执行方面的新动向。[①] 在2020年10月，香港终审法院决定，香港法院可以在执行裁决的过程中采取广泛的救济措施。法院认为，当非金钱裁决没有得到主动执行时，执行法院可在普通法诉讼的各种救济方式中，选择任何适当的补救办法。面临拒绝履行非货币仲裁裁决的胜诉方将从这一决定中获益。笔者认为，这一进步也是香港法律体系支持仲裁的进一步体现。

六、投资仲裁的新动向

投资仲裁作为国际投资法和国际商事争议解决的一部分，依然受到了广泛关注。例如，投资者—东道国争端解决机制（ISDS），其仲裁机制被广泛批评的一点是其仲裁裁决缺乏一致性；如果投资仲裁制度不对此作出纠正，则很可能影响其合法性。针对上述质疑，欧盟提议设立一个常设投资仲裁法庭以取代投资仲裁，而美国提议设立一个针对投资仲裁的上诉机构，一些仲裁机构也提出了相应的改革构想。在这一问题上，中国尚未对设立常设投资仲裁法庭的概念作出正式回应，部分原因是中国在使用投资仲裁方面相对不太积极。但近年来，中国也正在越来越多地参与ISDS案件。Wei Shen 的研究回顾了与中国双边投资协定（BIT）有关的投资仲裁案例，特别是管辖权方面的裁决，以及仲裁庭对中国投资协定中ISDS条款解释与适用中的法律问题；[②] 其讨

① American Bar Association, *International Arbitration*, 55 The Year in Review: 2020 249, 249–273 (2021).

② Shen Wei, *Guarding the Great Wall? —Jurisprudential Review of Treaty Interpretative Tools in Chinese BIT-based arbitration cases*, 37 (1) Arbitration International 239, 239–286 (2021).

论为我国对欧盟、美国和其他国家提出的改革投资仲裁体系的建议作出政策和法律层面的回应提供了一定参考，对参与投资仲裁的业界人士也有相当的价值。

作者通过统计发现，投资者—国家仲裁庭在解释条约时，对《维也纳条约法公约》（VCLT）的使用频率及系统性使用方面有所提高，其中，大多数主要依据 VCLT 第 31 条第 1 款。这一条款规定的条约解释具有四个主要标准：善意、通常含义、语境以及目标和宗旨。作者认为，尽管这四个标准往往是依次使用的，但它们应该作为一个整体来解读和使用，特别是根据每个案件的具体情况强调某些标准。作者还特别指出，通常含义、语境以及目标和宗旨解释大体上应当基于条约案文，而不是当事方的意图，这种基于条约案文作出的解释相对客观。在此基础上，作者聚焦于投资者、投资、争议这三个核心概念，分析了大量与中国 BIT 相关的仲裁庭裁决。作者发现，在中国 BIT 相关的案件中，在法律解释等各方面的仲裁实践显示出一些一致性，也与国际投资法发展的最新立法实践存在一定的联系。

作者最后对我国投资协定中的投资争议解决条款，尤其其中的仲裁条款进行了整体性评价。作者认为，我国的投资仲裁条款大多具有局限性，对提起仲裁的条件等通常有着较为严苛的限制，如岔路口条款、限制期限和最惠国待遇条款等，这是我国条约起草者有意为之，且在不同条款间，或不同条约或协定间存在不一致性。但出乎我国条约起草者的预计，一些仲裁庭依赖更广泛的条约解释方法对涉及我国 BIT 的投资仲裁问题进行解释，其法律实践存在趋同性，其采纳的方法符合旨在促进和保护跨境投资的国际准则。作者认为这一法律实践符合我国投资者的利益。笔者也认为，条约制定和投资仲裁实践之间的上述互动也应当得到我国立法机关和投资仲裁参与者更为深入的关注与思考。

此外，关于投资争议解决机制改革的一项被广泛讨论的建议是引入投资者—国家调解机制。Mark McLaughlin 的研究探讨了仲裁和调解在解决与“一带一路”倡议有关的投资争端中的表现及前景。① 国际投资争议的各方利益相关者正准备重新评估解决投资争端的方法。《新加坡调解公约》的缔结以及

---

① Mark McLaughlin, *Investor-State Mediation and the Belt and Road Initiative: Examining the Condition for Settlement*, 24（3）Journal of International Economic Law 609, 609-629（2021）.

ICSID提出的调解规则都支持了这一机制实现的可能，但投资争端的政治敏感性和各国政府的消极倾向可能会阻碍调解的达成，因此其前景仍需谨慎对待。

作者首先评估了“一带一路”相关纠纷中投资者与国家间调解的前景。研究选取了灵活性、伙伴关系和启动程序三个方面进行了分析，认为投资仲裁与“一带一路”相关的争端存在一定的不协调性，而调解与“一带一路”的本质更加契合。在此前提下，作者认为有必要从我国有关的投资争议案件特性与我国的投资争议解决相关的法律和实践出发，重新审视中国解决投资争端的方式。尽管我国在条约层面上对投资仲裁有广泛的约定，但投资者可能出于文化或费用方面的考虑，并不经常在实践中提出仲裁。作者也从近代史的角度进一步分析了我国最初未能参与西方设计的国际投资机制的历史原因。投资调解和其他形式的协商等替代性争议解决机制与仲裁相比，更贴合以和为贵的中国传统文化，也能避免将决策权完全交给“外部”裁决者。在此基础上，作者梳理了我国的投资协商和调解等实践经验，认为其存在广泛的实践基础。

在此基础上，作者进一步考察了新兴的投资者—国家调解的法律基础和136个我国签订的国际投资协定，以评估调解在“一带一路”投资争端解决框架内的可行性。调查显示，我国的国际投资协定很少明确提及调解，但几乎所有国际投资协定都要求当事人在指定期限内尝试和解，这为调解的实施提供了一定的基础。作者指出，利用投资者与国家之间的调解来解决“一带一路”投资争端的前景取决于两个因素：投资者—国家调解的国际法律基础，以及调解与“一带一路”框架下其他争端解决机制的有机结合。对现有国际条约的评估显示，新兴的投资者—国家调解的法律基础和双边投资协定内的调解将为“一带一路”沿线投资者—国家调解的发展创造条件，但其发展仍需要突破现有投资争议解决机制更广泛意义上的障碍。

在考虑如何支持“一带一路”投资纠纷的调解时，作者提出有必要从三个方面考虑。一是评估在“一带一路”背景下，针对调解、和解等机制面临的传统障碍进行改革；二是解决和解、调解协议的可执行性等遗留问题；三是改革“一带一路”沿线国家双边、多边投资协定中规定的投资争议解决方式，从条约层面确立调解的合法性。最后，应当明晰投资调解的适用范围。一方面，应当意识到由于投资者与国家之间的争议具有特殊性，因此一些纠纷无法通过调解来解决。而另一方面，对于那些存在调解、和解可能的争议，上述具体的改革可以增强各方对投资调解制度的信心，促进其发展。

七、我国与国际争端解决机制的发展

中外学者不仅从微观层面上关注了我国仲裁法律制度的进展，也在宏观上评判与展望了我国在国际争端解决领域的重大动向。这方面的研究主要关注了以下议题：与“一带一路”相关的争议解决问题，最高人民法院国际商事法庭所带来的进展，商人法在这一领域的发展，以及我国对国际争议解决机制全球发展的推动等。

（一）“一带一路”与争端解决机制的发展

自 2013 年“一带一路”倡议提出以来，关于建立由中国主导的相关综合争端解决机制一直是学术讨论的热点。关于中国国际商事法庭（以下简称 CICC）的实践似乎证明，中国引入一个更完整、更制度化的争端解决机制的时机已经成熟。但是，Zhipeng He 和 Jianzhou Zhao 认为，有必要探讨当前由中国牵头在“一带一路”沿线国家之间建立全面、统一、整合的争端解决机制是否合适。[①]结合国际关系，作者从以下三个方面剖析了这一政策选择问题。第一，考虑到中国倡导的开放包容的合作模式，我国主导的高度制度化、法治化的争端解决机制是否可行，是否符合我国对“一带一路”的看法；第二，“一带一路”沿线国家之间的互信基础是否足够牢固，使得我国主导的全面的争端解决机制不会被视为中国扩大政治影响力的行为；第三，既有的争端解决机制能否服务于大多数争端解决的目的。作者认为，从上述三个方面考量，我国不宜急于建立统一的“一带一路”争端解决机制，而应秉持开放包容原则，坚持共商共建共享原则，利用与“一带一路”沿线国家现有的双边和多边关系，灵活处理“一带一路”争端解决问题。从长远来看，“一带一路”不会始终依赖松散的合作和软法，而在实践中会产生更加成熟、系统、规范的争端解决机制。因此，从发展的角度来看，建立一个涵盖各类争议的全面、专业化的“一带一路”争端解决机制并非不可能。然而，在当前国际环境和条件下，仓促建立独立的、由我国主导的“一带一路”争端解决机制对我国和“一带一路”

---

① Zhipeng He & Jianzhou Zhao, *A China-led Comprehensive Dispute Settlement Mechanism For The Belt And Road Initiative: Is It Too Early?*, 29（1）Asia Pacific Law Review 86, 86–106（2021）.

沿线国家合作都存在潜在风险，而这将对中国长期实践积累的国家和外交威望产生负面影响。因此，必须非常谨慎地评估局势，考虑建立多维度的争端解决机制。

Zhujun Zhao 和 Jianping Guo 集中关注了我国与中亚国家在“一带一路”倡议下经济合作的法律框架，讨论了以我国方式构建争端解决机制来解决中亚地区的“一带一路”争端的必要性和可行性。① 作者通过回顾中亚地缘经济和地缘政治的主要特征，以及中国与中亚在“一带一路”项目上的合作与争议，指出“一带一路”实践中的问题与挫折并不会阻碍其在中亚的继续发展，但同时，“一带一路”的可持续发展迫切需要一个有效和全面的争端解决机制。作者认为，我国与中亚国家的争端解决方式迄今尚未突破传统的非司法化的外交协商方式，因而创新争端解决机制是中国与中亚国家保持合作的必要保障。随着我国最高人民法院国际商事法庭（CICC）的成立，其与新加坡国际商事法院、阿斯塔纳国际金融中心（AIFC）法院就“一带一路”项目民商事纠纷展开竞争的格局正在形成。除此以外，作者还格外关注了仲裁的发展，认为商事仲裁和投资仲裁等更为灵活的替代性争议解决方式在“一带一路”背景下具有独特优势，我国应以“一带一路”为契机，进一步推动仲裁制度和实践的发展。

（二）最高人民法院国际商事法庭的运作和影响

在经济全球化背景下，为应对国际商事纠纷解决的实际需求，我国最高人民法院成立了中国国际商事法庭。这对我国司法体系在国际商事争议解决市场的地位产生了深远影响，也受到了各方的广泛关注。

各类国际商事争议专门法院或法庭的出现为解决国际商事纠纷提供了新的选择。国际商事争议专门法院或法庭通常不仅在纠纷解决业务上国际化和专业化，而且还表现出明显的“一体化”新特征，将诉讼与仲裁、调解等替代性争议解决方式有机结合。这种一体化的整合反映在几乎每一个新的国际商事法院的设计中，特别是在协议管辖权的承认、外籍法官的选择、诉讼程序中更多的当事人自主权以及将其他争议解决方式的成果“转换”为仲裁裁决的创新执行机制方面。从这一角度出发，Wenhua Shan 和 Yunya Feng 分析

① Zhujun Zhao & Jianping Guo, *Settlement of Belt and Road Disputes Between China and Central Asian Countries*, 29（1）Asia Pacific Law Review 189, 189–208（2021）.

与评价了我国最高人民法院国际商事法庭（以下简称 CICC）。[①] 作者认为，它不仅顺应了近年来国际商事法院国际化、专业化、一体化的发展趋势，而且将国际商事诉讼、仲裁、调解从制度上整合为“一站式机制”，具有开创性意义。这一机制以中国司法体系推进和实践的“多元化纠纷解决机制”改革为指导；以国际商事专家委员会（ICEC）和国际商事法庭协调指导办公室等机制安排为基础；并通过程序设计将国际商事诉讼与仲裁、调解深度融合。作者也指出，CICC 以及“一站式机制”仍可进一步完善：从概念层面引入综合争议解决机制的概念，以便更准确地描述“一站式机制”的特点。在制度层面，应进一步加强 CICC 与“一站式”平台内仲裁 / 调解机构的合作，如采用“案件共享制度”。此外，还应强调其专家委员会的作用，如设立由专家主持调解的调解中心等。在实践层面，通过在基层建立综合性争议解决中心和示范区，进一步推动综合争议解决机制在国内外的推广；采取适当的措施和激励措施，以吸引中外的高质量法律服务提供者共同参与合作。总之，作者对 CICC 的设立和作用给予了高度评价，认为通过进一步设计和实施推广，以 CICC 为基点的综合争议解决系统可以为国际商事纠纷解决提供独特的中国路径，为“一带一路”地区乃至全球提供公平、高效、快捷、经济的争议解决服务。

He Qisheng 等作者对于 CICC 的建立及完善过程中可能面临的法律问题进行了探讨。[②] 作者认为，CICC 的设立和发展不仅需要创新现有法律制度，更需要以先进的司法理念作为指导。在现行法律框架下，CICC 如果需要在国际语境下进一步扩大影响力，需要在法官任命、审判语言、律师代理制度、法律选择和证明规则等问题上突破我国法律制度的限制，与国际实践进一步接轨。通过借鉴国际知名商事法院的经验，作者提供了一些具有可操作性的实际方案供参考。作者认为，上述制度上进行突破和创新，一方面是为了回应现实需求；另一方面是为了推动构建一个国际化、专业化、灵活化、信息化的国际商事法院体系。作者进一步从更宏观的视角对 CICC 的发展提出了建议。第一，在国际

① Wenhua Shan & Yunya Feng, *The China International Commercial Court: Towards An Integrated Dispute Resolution System*, 29（1）Asia Pacific Law Review 107, 107–128（2021）.

② He Qisheng et al., *The Establishment of China International Commercial Court*, 1 Wuhan University International Law Review 197, 197–225（2021）.

争议解决市场的发展趋势下，CICC 应该积极参加国际司法竞争。为提高 CICC 的国际竞争力，提升中国司法的国际影响力，应培养一批外语能力和专业素养较高的法官，在审判语言等方面有所创新和突破，以积极、开放、包容的姿态参与国际竞争。第二，CICC 应转变司法理念，进一步突出对当事人权利的保护，为当事人提供优质、便捷的司法服务。尤其应当顺应商事争议解决发展的快速变化，重视当事人在司法程序方面的体验，根据当事人的需要完善或创新司法程序，提升争议解决程序的高效性、经济性。第三，CICC 应该树立自己的国际声誉。国际知名度是提高国际商事法院国际竞争力的关键。部分商事法院除了在组织架构、审判制度、诉讼制度等方面取得突破以外，还更加直接地进行自我宣传，制定了一套宣传措施，其核心措施是宣传已解决的国际重大案件，相关的辅助措施是组织积极开展国际交流与合作。CICC 亦需要创造良好的外部环境以获得广泛认可，从而提高其知名度和吸引力。

（三）我国商事争端解决过程中的商人法适用

商人法（lex mercatoria）在国际商业纠纷解决中具有重要作用，我国近些年以促进经济增长为目标的相关法律改革也在许多领域推动了商事法律的发展，为商人法的适用提供了一定的基础。但是，Carrie Shu Shang 和 Lamine Balde 认为，我国法院和仲裁庭对商人法的适用实践仍存在一定不足。① 作者认为，我国法院和仲裁庭在实践中对贸易惯例和国际惯例的援引与它们在成文法中的公认地位并不相符。统计数据表明，我国的争议解决程序中，当事人与裁判者普遍不愿依靠国际惯例在国内法院解决商业纠纷。国际数据库和国内仲裁机构的报告也表明，《联合国国际货物销售合同公约》与国际统一私法协会《国际商事合同原则》（UNIDRPOIT Principles，或 UPICC）在我国的使用频率也较低。此外，商人法在我国司法和仲裁中的适用也缺乏一致性。作者分析了导致上述现象产生的两方面的因素：法律层面上，商人法没有能力处理所有争议，同时其适用也受到国内法强行性规则的限制。在法律范畴以外，由于历史原因，我国仲裁机构在仲裁行业起到主导作用，对于仲裁员的选择有较强的话语权，从而体现在仲裁行业整体更为关注国家行政权力，而对私人领域的习惯法发展关注较少。在司法领域，现有的自上而下的司法体系取

① Carrie Shu Shang & Lamine Balde, *Searching for China's Lex Mercatoria through Commercial Dispute Resolution*, 42 (2) *Justice System Journal* 205, 205-221 (2021).

代了民间交易习惯，从而抑制了商人法的发展。

然而，随着我国国际商事活动的繁荣，商人法的发展也重新得到了关注。在我国自贸试验区相关的法律法规中，国际惯例通常都被列为正式的法律渊源，一些自贸区规则还进一步鼓励在基础设施融资、投资、企业注册等方面借鉴国际惯例。作者认为，这为新的商人法在我国的发展提供了土壤。同时，作者也认为"一带一路"沿线的中外投资、贸易活动，以及 CICC 的建立等，也为促进国际惯例等商人法原则进一步发展提供了平台。促进商人法在中国的争议解决平台的适用有助于提升中国的法治形象，从而提高外国当事人在对华交易中的信心；但也应当注意到，由于 CICC 的官方性质以及自贸区的局限性等，其对于商人法发展的促进作用也有一定的局限性。

八、结语

本文所归纳总结的英文文献从不同的角度出发，探讨了我国仲裁与国际争议解决中的各种理论和实务问题。这些研究展示了我国仲裁与国际争议解决的新发展，也展现出我国的相关规范及实践与国际经验的趋同点和独特之处，更提出了一些值得持续关注的新问题。随着 2021 年《仲裁法》修改的征求意见稿的发布，我国仲裁和争议解决事业受到了法律界的广泛关注。学界对此进行了及时跟进，深入分析了新规范可能带来的改变，也对草案的进一步完善提供了相应的建议。在仲裁程序和仲裁裁决执行上，也有一些学者和实务人士在关注我国法律实务中的问题与进展。其他商事和法律领域的理论与实务发展，如《反外国制裁法》的出台，《反垄断法》的发展，新冠疫情影响下的破产及商事纠纷频发等，对我国商事争议解决的法律与实践也产生了深远影响。相关的研究在警示风险并提供建设性意见的同时，也向商务和法律界人士提示了复杂的全球化贸易场景中应当充分考虑到发生争议和解决争议中所涉及的复杂法律问题和风险，并提前对争议解决的路径进行必要的规划。我国香港地区作为世界领先的仲裁地，其相关的法律和实践方面的经验与新动向为我们提供了参考。最后，从我国与国际争端解决机制的宏观层面来看，"一带一路"争端解决机制以及最高人民法院国际商事法庭（CICC）依旧是理论与实务讨论的核心，相关制度建设和实务发展依然随着世界贸易格局的变化而受到不断地关注与评析，而与此同时，我国国际经贸活动的发展和上述法律制度和机构的构建也为新商人法的发展提供了新平台。这些从我国制度和实践衍生出的法律议题在国际层面上的展开，不仅为中外学者和实务界人士厘清了我国国际争议解决制度发展的历史与细节，为进一步的理论研究和实务发展提供了基础，而且对进一步促进我国仲裁和争议解决市场的发展也具有相当的参考意义。

国际仲裁早期驳回程序研究

王　徽*

● 摘　要

早期驳回程序是国际仲裁领域的热门议题。早期驳回程序旨在提升仲裁效率，巩固仲裁相对于诉讼的效率优势。作为仲裁实践和程序管理技巧，早期驳回程序虽然存续于仲裁庭广义的程序管理裁量权之中，但为了提升仲裁程序的可预期性，早期驳回程序正朝类型化的方向演进。这体现为包括ICSID、SIAC、SCC、ICC及HKIAC在内的主流国际仲裁机构均选择通过仲裁规则等“软法”确立仲裁早期驳回程序。早期驳回程序适用的核心问题包括：申请范围、适用标准，以及同仲裁管辖权异议程序的关系。仲裁早期驳回程序的引入在某种程度上揭示了国际仲裁制度的发展趋势，即国际仲裁制度仍会不断丰富仲裁程序工具，并会不断强化仲裁的效率价值。我国仲裁界应当从理念、操作，乃至制度设计层面认知仲裁早期驳回程序，并对仲裁发展趋势加以研判，以期助力我国仲裁制度的升级与完善。

* 王徽，华东政法大学法学博士研究生，瑞典斯德哥尔摩大学法学硕士研究生，美国加州大学伯克利分校法学硕士研究生，美国盛德律师事务所上海代表处律师。

● **关键词**

仲裁　早期驳回　效率　正当程序　软法

Abstract: Early dismissal procedure is a hot topic in the field of international arbitration. The early dismissal procedure aims to improve the arbitration efficiency and consolidate the efficiency advantage of arbitration over litigation. As an arbitration practice and procedure management tool, the early dismissal procedure exists under the Arbitral Tribunal's broad discretion of procedure management. However, to improve the predictability of arbitration procedure, the early dismissal procedure is evolving towards codification. This is reflected in the fact that mainstream international arbitration institutions, including ICSID, SIAC, SCC, ICC and HKIAC, all decide to codify early dismissal procedures through "soft law" instruments such as arbitration rules. The core issues of early dismissal procedure include: sphere of application, applicable standards, and its relationship with jurisdictional challenge. To some extent, the codification of early dismissal procedure reveals the development trend of the international arbitration, that is, the international arbitration regime will continue to enrich the tools of arbitration procedure management and strengthen the efficiency of arbitration. Chinese arbitration community is suggested to understand early dismissal procedure from its concept, application and system design, and anticipate the development trend of arbitration, so as to upgrade and improve Chinese arbitration regime.

Key Words: arbitration, early dismissal, efficiency, due process, soft law

随着国际经济与贸易的不断发展，国际仲裁已然成为举足轻重的争议解决程序。以国际商事仲裁为例，鉴于其享有裁决全球可执行性、仲裁员专业性、程序灵活性、进程私密性等方面的优势，仲裁得到了国际社会的广泛认同。根据伦敦玛丽王后大学（Queen Mary University of London）于2015年发布的国际商事仲裁统计（2015 International Arbitration Survey，以下简称2015 QM统计），有高达90%的受访者将仲裁列为跨境纠纷的首选争议解决程序。这一数据在2018年的伦敦玛丽王后大学统计中（2018 International Arbitration Survey，以下简称2018 QM统计）进一步上升至97%。然而不容忽视的是，无论是在2015 QM统计，还是在2018 QM统计中，受访者均对仲裁的效率和费用表达了担忧。在2015 QM统计中，近7成的受访者表示仲裁费用过高，近4成的受访者认为仲裁的效率堪忧，① 这一现象直至2018 QM统计中亦无多少改观。② 为了回应仲裁界的担忧，近年来国际仲裁制度发展尤为重视效率。正是在此背景下，国际仲裁早期驳回程序（early dismissal procedure）加速地进入了各方视野。③

一、问题的提出

早期驳回程序旨在提升仲裁效率，巩固仲裁相对于诉讼的效率优势，并进一步获取业界的青睐（包括拓展银行业案源）。④ 不同于快速仲裁程序（expedited procedure），早期驳回程序并非对常规仲裁程序进行全方位地简化（如减少仲裁庭人数、压缩仲裁文书提交回合、省略文件披露程序、允许书面审理、缩短仲裁审限等）。相反，早期驳回程序是一种内嵌的仲裁增速机制，它既可适用于普通仲裁程序，也可适用于快速仲裁程序。早期驳回程序具有

① 2015 International Arbitration Survey：Improvements and Innovations in International Arbitration，available at：http://www.arbitration.qmul.ac.uk/media/arbitration/docs/2015_International_Arbitration_Survey.pdf，2022-12-03.

② 2018 International Arbitration Survey：The Evolution of International Arbitration，available at：https://www.whitecase.com/sites/whitecase/files/files/download/publications/qmul-international-arbitration-survey-2018-19.pdf，2022-12-03.

③ 除使用早期驳回（early dismissal）这一术语外，仲裁界还以简易程序（summary procedure）、早期处置（early disposition）、初步异议（preliminary objections）等术语代称“早期驳回程序”。出于术语统一需要，除非另有明示，本文均采用早期驳回这一术语。

④ 鉴于金融领域（特别是银行）独立纠纷较多，其之所以青睐诉讼是因为早期驳回程序在诉讼中较常得到运用，这符合金融业对纠纷高效化解的追求。

一定的突发性和适用门槛，而非快速仲裁程序所具有的常规性。快速仲裁程序通常以争议解决金额为程序得以适用的默认条件。从构词来看，“早期”一词暗示该程序的运用与程序时间节点有关，而“驳回”一词则有定夺之意。这表明该程序一旦较早地成功适用便会对争议解决结果产生重大影响。进一步看，仲裁语境下的早期驳回实则同诉讼中（尤其是普通法法域）的对应制度具有相似性。普通法诉讼程序中有“处置动议”（dispositive motions）程序，它具体包括“撤案动议”（motion to dismiss）和“简易判决动议”（motion to summary judgment）。“撤案动议”一般早于证据开示（discovery），它由被告提出并基于一项假定——即使原告所述均属实情，原告诉求依旧无法得到法律支持，故案件应当被提前撤销。“简易判决动议”则晚于证据开示阶段。在事实无重大异议且法律适用结果一目了然的情况下，该动议要求法官径直作出判决，无须经历庭审（包括陪审团审理）。①

本文将研究仲裁早期驳回程序下的三项议题：其一，早期驳回程序在国际仲裁中的形成与发展。该议题将梳理该程序的仲裁权基础，并解释为何仲裁早期驳回程序正不断地走向类型化和成文化。其二，典型仲裁早期驳回程序比较，以及适用时需注意的细节。本议题将以特定国际仲裁机构的最新版仲裁规则为切入点，通过制表直观反映各仲裁机构项下早期驳回程序的异同，并揭示该程序的潜在适用规律。其三，仲裁早期驳回程序的启示与展望。遵循由表及里、以点带面的思路，本议题将透过早期驳回程序分析其对国际仲裁界的启示。

二、国际仲裁早期驳回程序的形成与发展

（一）仲裁庭的程序管理裁量权——早期驳回程序的默示基础

为了保障仲裁的灵活性和效率，现代仲裁制度在高度尊重当事人意思自治的同时，还赋予了仲裁庭宽泛的程序管理裁量权。仲裁庭的该等裁量权多承载于仲裁法和仲裁规则之中。譬如，《联合国国际贸易法委员会国际商事仲裁示范法》（以下简称《示范法》）第19条第2款规定：“未达成此种约定的，

① Mouawad, Caline, and Elizabeth Silbert. “A Case for Dispositive Motions in International Commercial Arbitration.” BCDR International Arbitration Review 2.1 (2015): 78.

仲裁庭可以在不违背本法规定的情况下，按照仲裁庭认为适当的方式进行仲裁。授予仲裁庭的权力包括对任何证据的可采性、相关性、实质性和重要性的决定权。”鉴于全球有 118 个法域立法转化了《示范法》，[①] 仲裁庭的宽泛程序裁量权得到了广泛确立。同时，仲裁庭程序管理裁量权亦为诸多非《示范法》法域所确认。譬如，英国 1996 年《仲裁法》第 33 条第 1 款（b）项规定：“为了公平地解决争议，仲裁庭就未决事宜应根据特定案情之需采取合适的程序，以避免不当的迟延或费用的发生。”2019 年修订的《瑞典仲裁法》第 21 条规定：“仲裁庭应以公正、务实、高效的方式解决纠纷。”2011 年《法国国际仲裁法》第 1509 条规定：“除非仲裁协议另有约定，仲裁庭应直接根据仲裁规则或参考仲裁规则确立仲裁程序。”相似地，《中华人民共和国仲裁法（修订）（征求意见稿）》第 30 条也规定：“……当事人没有约定或者约定不明确的，仲裁庭可以按照其认为适当的方式仲裁，但违反本法强制性规定的除外……仲裁程序应当避免不必要的延误和开支。”类似于国家立法中的语言，国际仲裁机构的仲裁规则中也多有类似表述。譬如，2020 版伦敦国际仲裁院（London Court of International Arbitration，以下简称 LCIA）仲裁规则第 14.1（ii）条规定：“为了公正、高效和快捷地终结纠纷，基于仲裁协议，仲裁庭的一般义务包括根据案情采取合适的程序以避免不必要的程序拖延和费用。”[②] 又如，于 2021 年 1 月 1 日生效的国际商会国际仲裁院（The ICC International Court of Arbitration，以下简称 ICC）的《仲裁规则》第 22 条明确：“仲裁庭及当事人应考虑争议的复杂性及价值，尽最大努力以快捷和具有成本效益的方式进行仲裁。”

得益于高度赋权的顶层设计，早期驳回程序实则“隐藏于”仲裁庭的程

---

① Status UNCITRAL Model Law on International Commercial Arbitration (1985), with amendments as adopted in 2006, available at: https://uncitral.un.org/en/texts/arbitration/modellaw/commercial_arbitration/status, 2022-12-03.

② LCIA Arbitration Rules 14.1 Under the Arbitration Agreement, the Arbitral Tribunal's general duties at all times during the arbitration shall include: (i) a duty to act fairly and impartially as between all parties, giving each a reasonable opportunity of putting its case and dealing with that of its opponent (s); and (ii) a duty to adopt procedures suitable to the circumstances of the arbitration, avoiding unnecessary delay and expense, so as to provide a fair, efficient and expeditious means for the final resolution of the parties' dispute.

序管理裁量权中。这解释了为何在早期驳回程序类型化和成文化之前，国际仲裁领域便已经积累了一些早期驳回程序实践。换言之，若只是作为仲裁程序管理技巧，早期驳回程序实则并非新鲜事物。譬如，早在2001年和2003年，ICC便有发布仲裁庭采取早期驳回程序的案例。① 司法实践中也不乏确认早期驳回程序“隐藏于”仲裁庭享有宽泛程序管理裁量权的案例。例如，在2014年的特拉维斯（Travis）案中，面对败诉方的挑战（核心论点是ICC规则中不存在早期驳回程序条款，仲裁庭基于早期驳回程序断案有违正当程序），英国高等法院（High Court）最终驳回了该请求。理由是仲裁庭根据该案仲裁协议和仲裁规则享有宽泛的裁量权，这足以涵盖仲裁早期驳回程序。② 又如，于2017年的威尔顿案（Weirton）中，美国西弗吉尼亚北区联邦地区法院驳回了败诉方的撤裁申请。理由是仲裁庭享有2009年美国仲裁协会（American Arbitration Association，以下简称AAA）商事仲裁规则L-4条赋予的宽泛裁量权。此外，考虑到仲裁规则并未明文禁止早期驳回程序，仲裁庭依其裁量权可采用该程序断案。③

（二）仲裁早期驳回程序的不断类型化和成文化——内在原因与表现形式

尽管早期驳回程序“隐藏”于仲裁庭的程序管理裁量权中，且有关法院对仲裁庭的程序裁量权亦持支持态度，但因为缺乏明确的规则引导，不少仲裁庭还是会因为某些担忧而不行使程序管理裁量权。仲裁庭的担忧主要包括：

其一，以程序管理裁量权为基础引入仲裁早期驳回程序恐会遭到当事人的挑战，特别是基于相关仲裁法或《承认及执行外国仲裁裁决公约》（以下简称《纽约公约》）第5条第1款（b）项下的正当程序原则。由于早期驳回程序可能会导致于程序早期便终结案件的全部或部分争议点，即相当于减少了当事人陈述案件的机会，故这容易引起败诉方的正当程序责难。④ 正因如此，

---

① ICC Case No. 11413（2001）; ICC Case No. 12297（2003）.

② Travis Coal Restructured Holdings Llc v Essar Global Fund Ltd［2014］EWHC 2510（Comm）.

③ Weirton Medical Center, Inc. v. Community Health Systems, Inc. et al,（N.D.W. Va. 2017）.

④ Nicolás Costábile, ‘Early Dismissal of Unmeritorious Claims and Defences in International Arbitration’, in Carlos Gonzalez-Bueno（ed）, 40 under 40 International Arbitration, Dykinson, S.L. 2018, p. 264.

许多仲裁庭都会非常谨慎地对待裁量权行使（甚至产生了所谓的正当程序恐惧，即 due process paranoia），而不会轻易地接受早期驳回申请。[①]

其二，仲裁庭会考虑仲裁的一裁终局性，并非常谨慎地适用早期驳回程序。不同于诉讼中可就早期驳回程序提起上诉，载有早期驳回程序决定的仲裁裁决一经发布便会在作出法域产生既判效果。除有限的程序性事项外，败诉方几乎不再有其他的救济渠道（最终取决于裁决所在法域是否支持对裁决进行实体审查或允许仲裁机构进行内部二审）。因此仲裁庭不得不高标准、严要求地行使程序管理裁量权。正如有仲裁庭曾经警告道："较之于诉讼，仲裁庭采用早期驳回程序断案甚至应当遵循更严厉的标准。除非仲裁庭自信地认为有关诉求缺乏法律依据是清晰无比（crystal clear）的，否则仲裁庭切不可随意准许早期驳回程序申请。"[②]

其三，部分仲裁庭对早期驳回程序的泛滥存有顾虑，这反而会成为拖延仲裁程序的策略。[③]换言之，这将导致实然结果背离仲裁庭行使程序管理裁量权的初衷，即仲裁追求公正、高效的价值。此外，也是实务上无法忽略的因素是，除非早期驳回的理由十足且无可争议，过早地、草率地结案也会影响仲裁庭的收入，特别是当仲裁员费用以小时费率计时。

为了更好地规范仲裁庭的裁量权行使，对仲裁当事人程序预期加以引导，并降低仲裁庭和当事人的种种顾虑，早期驳回程序正不断从昔日不成文的仲裁实践和程序管理技巧状态朝成文的、类型化的状态演进。[④]时至今日，早期驳回程序目前已在下述领域完成类型化和成文化升级。除了诉讼程序和国际仲裁规则（作者将在下文详述），早期驳回程序还可见于部分国内仲裁规则、国际投资仲裁规则，乃至国际 / 区域性经贸协定之中。譬如，在 2002 年新加坡国际仲裁中心（Singapore International Arbitration Centre，以下简称 SIAC）国

① Michael Polkinghorne and Benjamin Ainsley Gill, 'Due Process Paranoia: Need We Be Cruel to Be Kind?', Journal of International Arbitration, 2017, Volume 34 Issue 6, pp. 935–946.

② ICC Case No. 11413（2001）.

③ Raviv, Adam. "No More Excuses: Toward a Workable System of Dispositive Motions in International Arbitration." Arbitration International 28.3（2012）: 494–508.

④ David Ryan and Kanaga Dharmananda, 'Summary Disposal in Arbitration: Still Fair or Agreed to be Fair', Journal of International Arbitration, Volume 35 Issue 1, 2018, p. 48.

内仲裁规则，2013 年 AAA 商事仲裁规则，2014 年美国司法仲裁调解服务股份有限公司（Judicial Arbitration and Mediation Services，Inc.，以下简称 JAMS）仲裁规则（JAMS Comprehensive Arbitration Rules & Procedures），2006 年国际投资争端解决中心（The International Centre for Settlement of Investment Disputes，以下简称 ICSID）仲裁规则，2022 年 ICSID 仲裁规则，2016 年 SIAC 投资仲裁规则，以及 2017 年中国国际经济贸易仲裁委员会（China International Economic and Trade Arbitration Commission，以下简称 CIETAC）投资仲裁规则中均设有早期驳回程序。除此之外，多米尼加共和国、中美洲与美国自由贸易协定（Dominican Republic–Central American Free Trade Agreement），欧盟—加拿大综合经济与贸易协定（EU–Canada Comprehensive Economic and Trade Agreement，CETA），以及跨太平洋伙伴全面进步协定（Comprehensive and Progressive Agreement for Trans–Pacific Partnership，CPTPP）中亦有将早期驳回程序类型化和成文化。考虑到仲裁早期驳回程序类型化和成文化的时间相对较短，在已披露仲裁案例有限的情况下，下文将采取比较法的研究思路，即参考不同的仲裁文本，并借此归纳早期驳回程序于规范层面的潜在适用规律。

三、国际仲裁早期驳回程序比较与适用

（一）国际仲裁早期驳回程序对比表

之所以选择 SIAC、ICSID、ICC、斯德哥尔摩商会仲裁院（Arbitration Institute of the Stockholm Chamber of Commerce，以下简称 SCC）和香港国际仲裁中心（Hong Kong International Arbitration Center，以下简称 HKIAC）仲裁规则，一方面是因为这些仲裁机构极具国际影响力，机构发源地为国际仲裁中心；另一方面则是因为这些机构均已将早期驳回程序加以明确，具有一定的典型性和创新性。仲裁早期驳回程序大致涉及申请时间、申请范围 / 标准、申请要式、阀门条款（gatekeeping mechanism）/ 对申请的准许、正当程序、仲裁庭审限和作出形式。具体内容详见下表：

国际仲裁早期驳回程序对比表

仲裁规则（版本）	具体条款	申请时间	申请范围 & 标准	申请要式	对申请的准许（阀门条款）	正当程序	仲裁庭审限	作出形式
ICSID 2006	第 41 条第 5 款	不迟于仲裁庭组庭 30 日内，而在仲裁庭首次会议之前提出	一项请求显然缺乏法律基础	必须尽可能精确地阐明反对原因	无[①]	给当事人就反对立场陈述各自意见的机会	仲裁庭首次会议或其后迅速	决定裁决
ICSID 2022	第 41 条	不迟于仲裁庭组庭 45 日内	一项请求（claim）显然缺乏法律基础。反对（objection）可以涉及请求的实体内容（the substance of the claim），中心的管辖权（the jurisdiction of the Centre），或仲裁庭的适格性（the competence of the Tribunal）	应当提交书面申请。应当明确反对的基础和包括相关事实、法律和抗辩的陈述	无	给当事人就反对立场陈述各自意见的机会 & 仲裁庭或中心会确定提交反对文书的截止日期	自仲裁庭组成或提交最后的反对文书之日（以较晚者为准）起 60 日内	决定或裁决

① 国际仲裁机构大多为仲裁早期驳回程序设置了阀门条款。就早期驳回程序申请是否应继续，仲裁庭享有决定权。一方面，这表明早期驳回程序的适应门槛较高，申请被准许继续即为第一道门槛。即便仲裁庭准许申请继续，其也有可能最终拒绝支持申请即为第二道门槛。另一方面，从部分机构列出的仲裁庭应考虑事由中可推断，阀门条款旨在回应业界的担忧，避免早期驳回程序成为拖延程序的“游击战术”工具。

续表

仲裁规则（版本）	具体条款	申请时间	申请范围 & 标准	申请要式	对申请的准许（阀门条款）	正当程序	仲裁庭审限	作出形式
SIAC 2016	第 29 条	无时间限制[①]	一项仲裁申请或答辩明显缺乏法律依据；或者一项仲裁申请或答辩明显超出仲裁庭管辖范围	应详细说明支持其申请的事实和法律依据	仲裁庭有权自主决定是否允许当事人根据第 29.1 条规定提出申请	给予各方当事人发表意见的机会	应当在该申请提交之日起的60日内	命令或裁决（可以简要说理形式）
SCC 2017	第 39 条	无时间限制	简易程序申请可涉及管辖权、可采性或实体问题，如可包括下述主张：（i）有关对案件结果有重要影响的事实或法律辩解明显不能得到支持。（ii）即使假定另一方当事人所主张的事实是真实的，根据所适用的法律，也不能作出对其有利的裁决。或者，（iii）对案件结果有重大影响的事实或法律问题由于其他原因而适合通过简易程序解决	申请应具体说明所依据的事由和所建议的简易程序的形式，并证明根据案件的所有情况这种程序是高效且适当的	在决定是否准予简易程序申请时，仲裁庭应考虑所有相关情况，包括在何种范围内简易程序更有利于高效和快捷地解决争议	给予各方当事人平等、合理的机会陈述案件	以高效和快捷方式	指令或裁决（以高效和快捷方式）

① 虽然部分仲裁机构（如 SIAC）未明确早期驳回程序的提出时间，但尽早提出申请应更为合理：其一，尽早提出申请符合早期驳回制度的设立初衷；其二，尽早提出申请可以避免程序拖延，乃至管辖权异议层面的权利丧失；其三，尽早提出申请更符合仲裁庭的预期，特别是仲裁庭在决定是否准许程序申请，以及如何作出最终决定时会考虑程序节点。See Paul Sandosham et.al, A Practical Guide to the SIAC Rules, LexisNexis, 2018, pp. 225–226.

续表

仲裁规则（版本）	具体条款	申请时间	申请范围 & 标准	申请要式	对申请的准许（阀门条款）	正当程序	仲裁庭审限	作出形式
ICC 2021	第 22 条 & ICC 当事人与仲裁庭在国际商会仲裁规则下参与仲裁程序的指引第 109—114 段	在得知相关申请或抗辩后，申请应当越快越好	一项或多项请求或抗辩显然缺乏法律依据或显然超出仲裁庭的管辖权	未明示①	仲裁庭对是否准许申请享有完全的裁量权。仲裁庭应考虑包括程序阶段、确保时间和效率之需在内的所有相关因素	当事人应被赋予公平的机会以答复申请	仲裁庭应就申请尽快地作出决定	指令或裁决（尽可能简明扼要地给出说理；由 ICC 核阅）
HKIAC 2018	第 43 条	在相关法律或事实议题被提出后尽快申请	（a）相关法律或事实议题显然缺乏法律依据；（b）相关法律或事实议题显然落在仲裁庭管辖	初期决定程序申请应包含以下内容：（a）要求对一个或多个法律或	仲裁庭应在申请提出之日起 30 日内就是否准许申请作出决	给予各方当事人就申请进行陈述的机会②	自仲裁庭准许申请之日起 60 日内。此期限可由	指令或裁决（可以简易形式作出）③

① 通过比较可知，多数仲裁机构有明确早期驳回程序申请的要式，特别是提交申请的详细程度。SIAC/2006 年 ICSID 规则提供了抽象的要式标准（应当详细 / 尽可能精确），而 SCC/HKIAC/2022 年 ICSID 规则则采取了列举模式。

② 表中的所有国际仲裁机构均有明确早期驳回程序应当遵循正当程序原则，即仲裁庭应确保各方当事人有阐明观点 / 发表意见的机会。以上正当程序条款的设计均较为谨慎，未施加不合理或过于苛刻的条件。这在一定程度上表明，仲裁机构虽充分尊重仲裁庭的裁量权，但也不希望仲裁庭因正当程序原因而遭到当事人挑战。

③ 以上国际仲裁机构均明确仲裁早期驳回程序的结果可以以裁决或指令或决定或命令的形式作出。为了凸显效率，早期驳回程序申请的结果作出期限均相对较短（部分机构有明确时限，如 SIAC/HKIAC/2022 年 ICSID 规则），且裁决或指令的说理可适当从简。此外，裁决和指令的主要区别有：1. 裁决主要处理实体议题，而指令则更偏程序议题；2. 鉴于裁决具有终局性，其承认与执行适用《纽约公约》，但指令的执行则取决于执行地的准据法；3. 裁决的司法监督主体为仲裁地法院，它遵循的是撤裁程序，而指令的监督机制则并不明确。See John Choong et.al, A Guide to the SIAC Arbitration Rules (2nd edition), Oxford University Press, pp. 212–213.

续表

仲裁规则（版本）	具体条款	申请时间	申请范围 & 标准	申请要式	对申请的准许（阀门条款）	正当程序	仲裁庭审限	作出形式
			之外；（c）即便向对方提出的相关法律或事实议题属实，也不会对其作出有利裁决	事实问题作出初期决定的请求，以及对该问题的描述；（b）支持请求的事实陈述和法律论证；（c）提议仲裁庭采取的初期决定程序的形式；（d）就依第43.4（c）款所提议的形式如何能实现第13.1款和第13.5款所述的目的发表意见；（e）确认请求及其所附的任何辅助材料的复本已经或正在依注明的一种或几种方式同时向仲裁所有其他当事人传送	定，此期限可由当事人协议延长，或在适当情形下由HKIAC延长		当事人协议延长，或在适当情形下由HKIAC延长	

（二）国际仲裁早期驳回程序的适用

1. 国际仲裁早期驳回程序的申请范围

根据前列表格中显示，仲裁机构就早期驳回程序的申请范围的表述各异。具体而言，2006 年 ICSID 规则于文本层面仅明确“请求”（claim）系早期驳回程序的驳回对象，且该“请求”需要显著缺乏法律基础。ICC/SIAC 的表述同为“申请或抗辩”（claim or defense），而 HKIAC 则采用“法律或事实议题”（points of law or fact）之术语。与此同时，ICC/SIAC 要求“申请或抗辩”达到明显缺乏法律依据（without legal merit），或者明显超出仲裁庭管辖范围的标准。HKIAC 则是在前者的基础上额外增加了一项内容——“即便向对方提出的该相关法律或事实议题属实，也不会对其作出有利裁决”。对比之下，SCC 的文本设计颇具特点。一方面，SCC 规定早期驳回申请可涉及管辖权、可采性或实体问题（issues of jurisdiction，admissibility or the merits）。另一方面，SCC 还对相关主张进行了非穷尽式的列举，且强调对案件结果有重要影响的事实或法律辩解明显不能得到支持（但未明示用何种标准判断明显不能得到支持），或即便它是真实的，根据所适用的法律也无法得出有利于被请求方的裁决，或因其他原因。仅透过文本可知，2006 年 ICSID 规则的申请范围最为限缩（2022 年 ICSID 规则通过明确反对可针对请求的实体问题、程序问题、仲裁庭适格性提出，进而厘清和 / 或拓宽了早期驳回程序在 ICSID 仲裁的适用范围），而 SCC 的申请范围则最为宽泛。

对比以上规则文本进而引申出两个问题：其一，“申请或抗辩”“法律或事实议题”“管辖权、可采性或实体问题”之间有何种关联？其二，若需要判断早期驳回程序申请是否显然缺乏法律基础，这是否得将事实议题刻意排除在外？

围绕第一个问题，这涉及术语采用和划分模式。ICSID 之所以采取最为限缩的术语表达（早期驳回程序针对申请提出，但未说可针对抗辩而提出）是因为 ICSID 在极大程度上是单向的争议解决机制，即被申请人总是国家（ICSID 是否允许反请求存在争议），而早期驳回程序的申请主体几乎也只有国家。对比之下，其他仲裁机构下的早期驳回程序则具有双向性（可为各方当事人所适用）。在术语的使用上，明确早期驳回程序适用于申请或抗辩显然更为宽泛（这包括仲裁反请求，甚至只是提一项论点，即 argument），[①] 其具体内容取决于当

① Dulac，Elodie，and Alex Lo. “The SIAC Rules 2016：New Features.” Indian J. Arb. L. 5（2016），p. 145.

事人如何主张。至于划分模式，法律或事实议题是对申请或抗辩的一种划分，它是按照议题之属性开展的二分法（事实 / 法律）。管辖权、可采性或实体问题则是另一种对申请或抗辩的划分模式。特别指出的是，“可采性”一词更多出现在国际公法和国际经济法领域的争议解决程序中。这表明 SCC 有意拓宽早期驳回程序的适用范围，这与 SCC 有时会管理投资仲裁案件（或源自欧洲能源宪章的公法案件）有关。诚然，采取二分法或三分法有助于帮助我们认清早期驳回程序的适用范围，但这种划分有时候知易行难。实践中，个案有时存在法律问题和事实问题紧密交织以至于难以切割处理，实体争议和程序争议不易区分识别等问题［譬如，“既判力事由”（Res Judicata）在不同法律文化下有不同的定性，有认为这是程序议题的，也有认为这属于实体议题的］。除此之外，若结合早期驳回程序的适用标准（下文将详述），特定术语的采用还可能涉及内在逻辑循环。譬如，“相关法律或事实议题显然缺乏法律依据”之表述给人以依法律来判断法律（而非以法律来判断具体请求）的逻辑循环错觉。

由第一个问题自然而然地引出第二个问题，即当判断早期驳回程序申请是否显然缺乏法律基础时，这是否得将事实议题刻意排除在外？对此，2006 年 ICSID 规则和相关实践提供了一些有益的参考。一方面，有的学者认为，2006 年 ICSID 规则之所以仅突出申请需要明显缺乏法律基础，是因为该规则在制定之初便有意于限缩早期驳回程序的适用范围，以避免仲裁庭过早地介入事实议题；[①] 另一方面，有关 ICSID 案例也反映了该制度的设计意图。比如，在 Trans-Global v Jordan 案中，仲裁庭指出在缺乏充足证据的情况下，仲裁庭于程序早期并不会对双方的事实分歧加以裁判。然而，有的仲裁庭也承认，在判断早期驳回申请是否缺乏法律基础时，完全忽略相关事实的预设是几乎难以做到的。[②] 另外在 Brandeis v. Venezuela 案中，为了考虑早期驳回程序，仲裁庭采取了更为宽泛的思路（approach），即对事实议题进行了内在区分：其一，作为实体责任认定基础的事实，仲裁庭认为应推定该事实已获证明。其

① Schreuer, Christoph H. The ICSID Convention: a Commentary, Cambridge University Press, 2009, Art 41, para 98.

② Trans-Global Petroleum, Inc. v. The Hashemite Kingdom of Jordan (ICSID Case No ARB/07/25), para 97.

二，作为管辖权认定基础的事实，仲裁庭认为在双方存在分歧的情况下应进行裁判。其三，对于那些即便属实也无法用作实体责任认定或管辖权认定基础的事实，仲裁庭将初步（prima facie）认定这些事实属实。[①]不容忽视的是，2006年ICSID规则同其他机构规则存在差异。就法律议题和事实议题的关联和区分，2006年ICSID规则并未给出明确指引。2022年ICSID规则似乎传递了立场的改变。既然2022年ICSID规则认为反对可针对请求的实体内容去提，这似乎意味着在判断早期驳回程序申请是否缺乏法律基础时可考虑事实议题。该逻辑演绎目前尚有待更多仲裁实践的检验。

2. 国际仲裁早期驳回程序的标准："显著"之含义与典型事由

尽管不同机构下的早期驳回程序存在不同的细节处理，但共同项却是各家均明确确立了"显著"（manifestly）标准。从语法来看，"显著"用以描述法律或管辖权基础的缺乏，它呈现出一种程度和深度的要求。结合词典作文义解释，"显著"指的是"可立马被轻易地理解或接受"（capable of being readily and instantly perceived）。[②]这初步表明早期驳回程序适用的标准应该较高。ICSID相关实践就"显著"标准给出了参考性的解释，且验证了前述的应然判断。比如，在Trans-Global v. Jordan案中，仲裁庭指出："根据'显著'一词的通常含义，它要求被申请人清晰和明了地阐明反对立场（clearly and obviously），并且相对轻松地传递该立场（with relative ease and despatch）。因而，'显著'的适用标准颇高（The standard is thus set high）。"[③]又如，在MOL v. Croatia案中，仲裁庭指出："请求需达到明显缺乏法律依据的程度，以至该请求可以径直地被驳回（be dismissed outright）。"[④]"显著"标准甚至在部分ICSID仲裁庭眼中被视为"毋庸置疑"（unequivocally）。[⑤]正是因为仲裁早期

① Brandes Investment Partners, LP v. The Bolivarian Republic of Venezuela (ICSID Case No. ARB/08/3), para 65-69.

② Gove, Philip Babcock Ed, Webster's Third New International Dictionary of the English Language Unabridged, Merriam-Webster, 1986, p. 1375.

③ Trans-Global Petroleum, Inc. v. Hashemite Kingdom of Jordan (ICSID Case No. ARB/07/25), para 98.

④ MOL Hungarian Oil and Gas Company Plc v. Republic of Croatia (ICSID Case No. ARB/13/32), para 44.

⑤ PNG Sustainable Development Program Ltd. v. Independent State of Papua New Guinea (ICSID Case No. ARB/13/33), para 88.

驳回程序的高标准（high threshold），自2006年引入该程序以来，ICSID至今只有46起关于早期驳回程序的申请，且最终得到全部或部分支持的申请仅有12件。[①] 早期驳回程序不易成功适用的结论也可见于其他仲裁机构的实践。譬如，SIAC自2016年至2020年共收到早期驳回程序申请35件，其中20件被准许继续（allowed to proceed），而仅10件被准许（granted）。[②]2021年，SIAC全年共收到早期驳回程序申请10件，其中只有3件被准许继续（其中2件未能实现早期驳回，还有1件结果待定）。[③] 又如，HKIAC自2017年至2021年共有5个早期驳回程序的申请。其中，2021年的两起申请均以失败告终。[④]

在全部或部分获得支持的有限ICSID案例（涉及不同的双边投资协定，以下简称BIT）中，典型事由可进一步归纳为下述几类：其一，既判力事由。在RSM v. Grendada案中，围绕石油开采协议纠纷，申请人（美国公民）基于美国—格拉纳达BIT将被申请人诉至ICSID。但由于该申请人曾以相同原因和BIT在ICSID进行仲裁，且以败诉告终，故申请人再次发起仲裁显然缺乏法律依据。根据既判力原理，仲裁庭最终完全支持了被申请人的早期驳回申请，即撤销了全案。[⑤] 其二，时效已过事由（Time-barred）。在著名的Ansung v. China案中，韩方投资者基于中韩BIT提起了ICSID仲裁程序。但根据中韩BIT第9条第7款，韩方的时效已过，故仲裁庭最终完全支持了中方的早期驳回程序申请。[⑥] 其三，不符合投资定义事由。在Trans-Global v. Jordan案中，虽然申请人（美国公民）提起ISCID仲裁的基础为美国—乌克兰BIT，但是它寻求的救济却源于销售合同，这显然不符合ICSID第25条项下的投资含义，即争议之性质不符合投资仲裁要求，仲裁庭最终支持了乌克兰该项早期

---

① Decisions on Manifest Lack of Legal Merit, available at: https://icsid.worldbank.org/cases/content/tables-of-decisions/manifest-lack-of-legal-merit, 2022-12-03.

② SIAC 2020 Annual Report, available at: https://siac.org.sg/wp-content/uploads/2022/06/SIAC_Annual_Report_2020.pdf, 2022-12-03.

③ SIAC 2021 Annual Report, available at: https://siac.org.sg/wp-content/uploads/2022/06/SIAC-AR2021-FinalFA.pdf, 2022-12-03.

④ HKIAC Statistics, available at: https://www.hkiac.org/about-us/statistics, 2022-12-03.

⑤ RSM Production Corporation and others v. Grenada（ICSID Case No. ARB/10/6）.

⑥ Ansung Housing Co., Ltd. v. People's Republic of China（ICSID Case No. ARB/14/25）.

驳回申请。[①] 其四，缺乏管辖权事由。在 ZRT v. Hungary 案中，鉴于瑞士—匈牙利 BIT/ 荷兰—匈牙利 BIT 仅赋予仲裁庭对征收纠纷的管辖权，仲裁庭最终采纳了匈牙利的早期驳回申请，并将申请人提出的非征收纠纷排除在管辖范围之外。[②] 鉴于已知或已公开的涉及仲裁早期驳回程序的案件尚较有限，故难以进行更细致的类型化研究。尽管如此，结合不同仲裁机构的制度设计，于应然层面亦有可能满足早期驳回程序的典型事由包括仲裁协议显然无效、争议解决主体显然不适格（投资者系东道国国民 / 不属于特定投资协定项下的公民）、[③] 争议事项显然缺乏可仲裁性，以及多层次争议解决条款前置程序显然尚未满足，即仲裁庭管辖权的前提尚不具备等。鉴于 2022 年 ICSID 规则已于 2022 年 7 月 1 日生效，日后预期还会出现有关仲裁庭适格性的案例。

3. 国际仲裁早期驳回程序与管辖权异议程序的关系

几乎所有的仲裁规则均设有管辖权异议程序。大致内容是在仲裁庭组成前，当事人可向仲裁机构主张管辖权异议。仲裁机构此时会进行表面（prima facie）审查以决定仲裁程序是否应继续。若通过了仲裁机构的表面审查，案件将交由组成后的仲裁庭。当仲裁庭组成后，在规定的时间内，当事人应提出管辖权异议，并由仲裁庭自裁管辖权。随着仲裁早期驳回程序被类型化，区分早期驳回程序与管辖权异议程序变得更有必要。两者有以下几点区别：

其一，早期驳回程序的适用范围更广，除了在管辖权层面适用，其还可以适用于实体层面。后者恰是管辖权异议程序所不具备的。其二，两者的有权决定主体不同，早期驳回程序仅可向仲裁庭提出，而管辖权异议程序则根据程序阶段（以仲裁庭组庭与否为分界线）可以向仲裁机构或仲裁庭提出。其三，两者提出的时间存在差异，早期驳回程序有时不设明确的时间点。尤其是在 SIAC/SCC 语境下，早期驳回程序理论上可在任何程序节点中提出。相比之下，管辖权异议程序的提出时间却相对明确，迟延提出管辖权异议甚至会导致异议权利的丧失（waiver）。其四，适用标准存在一定的相似性，如前

---

① Trans–Global Petroleum, Inc. v. Hashemite Kingdom of Jordan（ICSID Case No. ARB/07/25）.

② Emmis International Holding, B.V., Emmis Radio Operating, B.V., and MEM Magyar Electronic Media Kereskedelmi és Szolgáltató Kft. v. Hungary（ICSID Case No. ARB/12/2）.

③ Antonio R. Parra, "Chapter 42: ICSID Arbitration Rule 41（5）Objections", in Meg Kinnear, Geraldine R. Fischer, et al.（eds）, Building International Investment Law: The First 50 Years of ICSID, Kluwer Law International, 2015, p. 595.

所述，早期驳回程序的实现以“显著”为标准，就如何区分早期驳回程序的“显著”，以及管辖权异议程序中的标准，目前尚存在一些不确定性。[①] 譬如，仲裁机构于程序早期（如立案过程中）会对仲裁协议进行表面审查（部分机构如SCC甚至也采取“显著”标准，即只有显然缺乏管辖权的案件机构才会拒绝受理），而当案卷移交仲裁庭之后，仲裁庭则会通过自裁管辖权的方式进行更深入的审查。随着双方提交材料数量的增加，有关主体的信息掌握情况也会加深，而内在适用标准也可能会产生变化。考虑到管辖权问题涉及案件是否还可以继续由仲裁解决，且这可对仲裁的后续程序产生根本性影响，故仲裁庭越是在程序早期以管辖权问题驳回仲裁请求和终结案件，其越可能需要遵循更高的标准。相反，随着案件的推进，当仲裁庭对案件全貌有更多了解后，反而可能在处理管辖权异议时持更开放的态度。正因如此，仲裁机构遵循的“初步”审查可能与早期驳回程序中仲裁庭采用的“显著”标准存在一定的相似性。但到了相对后期，管辖权异议程序的适用标准就可能有所下滑。

进一步而言，当事人是否可以先后或同时提出管辖权异议和早期驳回程序也存在厘清空间。虽然2006年ICSID规则和2022年ICSID规则明确早期驳回申请失败不影响管辖权异议的再次提出，但其他仲裁机构却缺乏类似表述。在缺乏实践释明的情况下，参考ICSID模式，考虑到早期驳回程序和管辖权异议程序的区别，本文主张合理的做法应是当仲裁早期驳回程序申请失败时（若早于管辖权异议提出的最后期限），当事人依旧可以提起管辖权异议，因为理论上后者的标准随着程序的继续推移会相对下降。因此，存在未满足早期驳回申请的适用标准，但最终却符合管辖权异议程序的情况。而若管辖权异议在先提出，且遭到了仲裁庭的拒绝，那么当事人将不再具有再次提起早期驳回程序的基础（就管辖权而言）。即便仲裁早期驳回申请的提出时间可以更灵活，但由于它的内在标准更高，从“举重以明轻”的角度来看，早期驳回程序的现实意义也已几乎不存在，因为其已难以得到仲裁庭的认可。

最后，同时申请早期驳回和管辖权异议也难言可行。至少在管辖权层面，同时提出两个程序可能会造成彼此相互影响，不当阻碍程序进展的后果，毕竟两者存在逻辑前提的显著差异。前者通常无须对有关事实进行判断（预设

① Dulac, Elodie, and Alex Lo. “The SIAC Rules 2016: New Features.” Indian J. Arb. L. 5 (2016), p. 146.

事实为真)，而后者则可能需先厘清相关事实。

四、余论

透过现象看本质，仲裁早期驳回程序的引入在一定程度上揭示了国际仲裁制度的发展趋势。国际仲裁制度的发展趋势呈以下两个维度：一方面，国际仲裁制度仍会朝着不断丰富仲裁程序工具（procedure tool）条款的方向发展。作为一种替代性争议解决程序，仲裁制度的优势往往是相对于诉讼而言的。为了弥补仲裁相对于诉讼的不足（如复杂争议解决受制于仲裁协议的相对性），响应市场的需求，仲裁程序工具条款近年来得到了飞速发展。无论是多份合同在同一个仲裁程序发起、仲裁第三人加入、合并仲裁程序、紧急仲裁员程序，抑或本文探讨的早期驳回程序，它们的创设均充分地反映了这种趋势。这些事例无不表明，国际仲裁制度正在不断吸收并改良诉讼程序的一些做法，从而使得自身具有更强的竞争力。在仲裁程序工具日益丰富的同时，仲裁制度不可避免地变得越发“司法化”（judicialization）。可以预见的是，随着争议解决制度的进一步发展，仲裁的程序工具还将涌现更多的创新和突破。另一方面，国际仲裁制度仍会不断强化效率价值。出于种种原因，仲裁制度曾经引以为傲的效率优势正在遭受严峻挑战。国际商事仲裁制度近年来的发展大有“重述”效率价值的迹象。无论是快速仲裁程序的创设，抑或仲裁早期驳回程序的引入，它们背后均体现了对仲裁效率价值的一贯重视。而这也是衡量国际仲裁制度未来发展趋势的一项判断指标。

不容否认的是，仲裁的“司法化”倾向和仲裁的效率价值可能会产生矛盾。部分仲裁制度的创新，可能在使仲裁制度更好应对复杂纠纷的同时，以牺牲仲裁的效率价值为代价。然而，本文认为这种潜在的矛盾并非不可调和，这取决于具体程序的实际适用。须知以仲裁规则等“软法”（soft law）为载体的相关制度仅仅只是默认的仲裁程序选项，[①] 它们是对仲裁实践的一种成文化总结。在意思自治的引导下，类型化国际仲裁最佳实践（best practice）和复杂

---

① 仲裁“软法”是指由政府间国际组织、非政府组织、行业协会、仲裁机构等非国家主体制定的，旨在调整国际商事仲裁程序性事宜，自身虽不享有外部强制力保障，但却依旧具有实然规范性（normativity）的文本。仲裁“软法”常以示范法、指引、指南、说明为名。广义来说，仲裁规则亦属于“软法”之列。

个案是能够实现相对高效的。以仲裁早期驳回程序为例，倘若它能够得到妥善运用，那么该程序便能够提升仲裁效率（甚至在早期驳回程序申请失败的情况下加速各方和解），[①]切实降低仲裁成本。但倘若适用不当，仲裁早期驳回程序则有可能沦为个案中策略性拖延程序（guerrilla tactics）的工具。而这势必会背离早期驳回程序的设计初衷，进而破坏仲裁的效率价值。这种仲裁程序"双刃剑"效应势必还将继续存在，并动态影响各方对仲裁的评价。

国际仲裁处于高度竞争的网状治理结构。不同的仲裁利益攸关方在这个网络中被串联，它们彼此联动，互相影响。这解释了为何一旦有新的仲裁制度诞生，便可能迅速激起整个仲裁行业的跟进。不排除早期驳回程序会更多地被仲裁机构类型化到仲裁规则中。我国正值仲裁发展的高速阶段，且我国《仲裁法》修订工作也已正式开启。在此背景下，我国业界应加强对仲裁发展趋势的研判，并为仲裁的制度升级确立方向。抛砖引玉，虽然早期驳回程序在我国争议解决制度中缺乏直接的对应项（我国诉讼不同于英美法诉讼），但我国仲裁界从理念、操作，乃至制度设计层面全面认知该程序却仍是相当有必要的。仲裁员在早期驳回程序中扮演着至关重要的角色。欲令早期驳回程序发挥应有的正面效果，仲裁员应当深谙早期驳回程序的原理和内在价值取向，在尊重仲裁正当程序（而非过度担忧）的前提下，更为灵活、高效，且契合功能主义地管理仲裁程序。譬如，在国际仲裁程序中，仲裁庭应就早期驳回程序尽早下达程序令、合理明确证据提交的节点、采取适当的程序管理手段（未必都要开庭审理和/或交叉盘问事实证人）、避免对早期驳回申请的偏见（如预设早期驳回申请难以成立），以及善于运用费用分摊机制等以遏制拖延策略的使用等。

---

① Gretta Walters, "Dispositive Motions in International Arbitration: A Move from 'Can We' to 'Should We'", in Carlos Gonzalez-Bueno (ed), 40 under 40 International Arbitration, Dykinson, S.L. 2018, pp. 120-121.

论LPR时期典当息费的司法规制

李 昊[*] 郭又升[**]

● **摘 要**

随着2019年8月我国开始实施贷款市场报价利率机制（LPR），原贷款基准利率同步取消，多项原以贷款基准利率一定倍数为司法规制标准的相关司法解释也随之调整，在此背景下，典当纠纷相关的具体案件中，处理有关典当金额的利息及典当综合费用（以下简称典当息费）的保护上限、违约金调整标准等焦点问题时，出现了由于对裁判对象的法律属性、裁判依据的适用等理解不同，不同案件裁判结果差异较大的情况，且因为现阶段LPR远低于原贷款基准利率，更凸显了这种差异；加之，目前我国典当法律关系缺少效力层级较高的法律、行政法规予以调整，《民法典》也未对典当关系予以规定，现阶段对典当息费有关裁判标准的研究就很有必要。本文从典当关系商事金融属性出发，分析了典当息费对当金提供者与需求者的经济价值与意义，审视了对金钱债务保护上限、违约金调整等司法规制措施的制度合理性与成本，认为应尊重资金供需市场自身规律，重视我国典当业的实际运行情况，权衡典当业经营上的成本负担与资金需求方的需求便利和可获得性，根据典当的类型

* 李昊，北京工业大学文法学部法律系研究生导师。

** 郭又升，北京工业大学法律硕士研究生。

与案件具体情况，综合研判、审慎参照、适用《典当管理办法》《最高人民法院关于进一步加强金融审判工作的若干意见》等文件，衡平各方正当诉求与利益，妥善确认典当息费的司法保护限度与违约金调整的参照标准。

- **关键词**

典当息费　司法规制　违约金调整

Abstract: Due to the implementation of LPR in the financial market of China in place of benchmark interest rate system in August 2019, several judicial interpretations of law with the related judicial discretion reference standards based on the times of benchmark interest rate were modified accordingly. Under the circumstances, the findings of decisions or awards quite differ on the arguments of a cap on the interests and fees of pawn business and the adjustment of liquidated damages as a result that different courts or tribunals hold different view on the legal understanding and the application of the proper law resources in the disputes on the pawn business, to the extent that the LPR nowadays is much lower than the average of the original benchmark interest rate, the differences can be perceived much more easily. In addition, lack of the special laws or administrative regulations of higher authority and any provision on the issue in the Civil Code, It is significant to make some research on the judicial discretion in the interests and fees of pawn business. In this thesis, based on the commercial and financial characteristic of the pawn business, the economic value of interests and fees both for the pawn businessmen and the money demanders is analyzed, The cost and the rationality of the judicial discretion measures in such litigation such as a legal protection cap and the adjustment of liquidated damages are also contemplated. Then it is argued that the invisible hand of the capital market should be seen and respected, and the reality and the practical experiences of the pawn business in China should be considered, especially the running cost of the pawn business and the institutional cost of the admission and convenience burden by the money demanders in the society should be taken into consideration and be balanced during the litigation of pawn business. To find a decision or award on the said interests and fees in an appropriate way to balance rights of the parties, the Administration Rules on the Pawn Business and the Supplementary Judicial Opinions On the Trial of Finance by the Supreme Court of PRC should be applied and abided by in conformity with the right division of pawn business and the actual evidences in the disputes.

Key Words: the interests and fees of pawn business, judicial discretion, adjustment of liquidated damages

一、概论

（一）LPR 实施对有关给付金钱义务的司法政策之影响

2019 年 8 月中国人民银行发布《改革完善贷款市场报价利率（LPR）形成机制的公告》（〔2019〕第 15 号）宣布改革完善贷款市场报价利率形成机制，自 2019 年 8 月 20 日起，央行授权全国银行间同业拆借中心于每月 20 日公布贷款市场报价利率，目前包括 1 年期和 5 年期以上两个期限品种。随着 LPR 的实施与贷款基准利率的同步取消，多项涉及金钱给付责任相关司法解释随之调整，作为全国民商事审判法律适用与解释政策指导文件的《全国法院民商事审判工作会议纪要》（以下简称《九民纪要》）专条释明："人民法院裁判贷款利息的基本标准应改为全国银行间同业拆借中心公布的贷款市场报价利率"，2020 年第二次修正《最高人民法院关于审理民间借贷案件适用法律若干问题的规定》（以下简称新《民间借贷司法解释》）对受司法裁判保护利息上限、逾期利息率、综合违约金受保护上限等条款均由过去的 2015 年《民间借贷司法解释》[①]4 倍贷款利率即 24[②] 调整为"合同成立时一年期贷款市场报价利率

① 即指法释〔2015〕18 号《最高人民法院关于审理民间借贷案件适用法律若干问题的规定》。

② 旧《民间借贷司法解释》第 26 条、第 29 条、第 30 条。

4倍”[①]，就债券欺诈发行和虚假陈述的实际损失确定之日至实际清偿之日止的利息损失[②]、买卖合同逾期付款违约金计算[③]等均相应调整，就2019年8月19日之后部分按LPR分段计算。

（二）差异化加剧的典当息费裁判标准

典当息费系指我国典当业经营过程中，典当行按照当票约定向当户收取的当金利息与典当服务综合费用两部分的简称。由于新《民间借贷司法解释》实施后的现阶段LPR低于原人民银行贷款基准利率[④]，且在现行规范体系下主要由商务部、公安部于2005年颁布的部门规章《典当管理办法》规制典当法律关系，缺少位阶较高的相关法律规范，又未能借《民法典》的编纂推进对典当的理论认识等原因，绝当后息费受司法保护限度、约定违约金调整等裁判标准问题再度成为焦点，出现同案不同判、裁判尺度不甚统一的局面，且司法裁判标准的差异化加剧，导致司法规制不统一问题。是减少司法干预，按行业习惯、部门规章规定息费上限或当票约定的息费、罚息、违约金作为裁判尺度，还是将典当当金视为借款，息费保护标准参照新《民间借贷司法解释》典当成立时一年期贷款市场报价利率四倍（以2022年9月20日1年期LPR3.65计，四倍约14.6），抑或比照金融贷款审判中的司法政策即最高人民法院于2017年8月4日颁布的《关于进一步加强金融审判工作的若干意见》（法发〔2017〕22号）（以下简称《金融审判解释》）所称的年利率24%作为司法裁判保护标准等问题亟待解决。

前述问题的回应与解答，司法规制的妥当与协调，既有赖于对规制对象——典当及典当息费的法律性质、对息费上限与违约金调整等规制手段功能与价值的剖析与再认识，也离不开对司法规制的外部市场与制度环境的关注与解读。

---

① 新《民间借贷司法解释》第25条、第28条、第29条。

② 法〔2020〕185号《全国法院审理债券纠纷案件座谈会纪要》第22条第1款。

③ 法释〔2020〕17号《最高人民法院关于审理买卖合同纠纷案件适用法律问题的解释》（2020年修正）第18条。

④ 2020年4月20日1年期LPR降至4%以下为3.85%，此后呈下降态势，截至目前，2022年9月20日1年期LPR降至3.65%。之前央行贷款基准利率自2015年10月底较长时间维持在4.3%。

二、我国典当及典当息费性质的再认识——实操层面的“一张牌照，两类业务”

（一）典当业的商业与金融属性

1. 定性认识导致的裁判依据争议

如前所述，由于缺少法律层面上对典当关系规制的基本规范，就典当息费裁判标准依据找寻路径，有赖于对典当及其息费的法律性质分析，并以此为基础再行“直接”或“参照”适用相应的规范系统。针对所谓逾期息费司法保护上限及约定违约金调整两种司法规制的裁判依据而言，主要争点即在于因典当发生的用款关系是否属于金融借款关系，从而在逾期息费、违约金调整问题上适用中国人民银行或最高人民法院围绕金融借款合同颁布的各类裁判依据如《中国人民银行关于人民币贷款利率有关问题的通知》（银发〔2003〕251 号）[①]、《金融审判解释》[②]，抑或否定典当关系金融属性从而参照适用《民间借贷司法解释》来规制逾期息费与违约金调整。[③]

2. 典当关系金融纠纷属性的认定价值与标准

找寻典当关系裁判依据的定性标准不完全等同于对典当法律关系本身法

① 《中国人民银行关于人民币贷款利率有关问题的通知》（银发〔2003〕251 号）第 3 条规定：

关于罚息利率问题。逾期贷款（借款人未按合同约定日期还款的借款）罚息利率由现行按日万分之二点一计收利息，改为在借款合同载明的贷款利率水平上加收 30%—50%；借款人未按合同约定用途使用借款的罚息利率，由现行按日万分之五计收利息，改为在借款合同载明的贷款利率水平上加收 50%—100%。

对逾期或未按合同约定用途使用借款的贷款，从逾期或未按合同约定用途使用贷款之日起，按罚息利率计收利息，直至清偿本息为止。对不能按时支付的利息，按罚息利率计收复利。

② 《金融审判解释》中规定：严格依法规制高利贷，有效降低实体经济的融资成本。金融借款合同的借款人以贷款人同时主张的利息、复利、罚息、违约金和其他费用过高，显著背离实际损失为由，请求对总计超过年利率 24% 的部分予以调减的，应予支持，以有效降低实体经济的融资成本。规范和引导民间融资秩序，依法否定民间借贷纠纷案件中预扣本金或者利息、变相高息等规避民间借贷利率司法保护上限的合同条款效力。

③ 参见浙江高院于 2020 年 12 月 10 日发布的《关于审理典当纠纷案件若干问题的指导意见》第 5 条规定，“当户有合理依据主张当期内典当行收取的利息、综合费用过高的，人民法院结合审理民间借贷纠纷案件中的利率保护标准、典当行经营成本等因素，合理确定应予保护的利息、综合费用数额”；第 7 条规定，“典当行与当户约定绝当后当户应支付违约金、逾期利息、典当综合费用的，典当行可以选择主张，也可以同时主张。但对于折算后的实际利率过高的，当户可以请求依法调整”。

理属性的探讨，后者主要希冀通过对特定法律关系要素的剖析从而尝试将其“归位”于一定权利体系之下，如就典当法律性质而言，存在债权说、担保物权说、特殊质权说、复合担保物权说、独立物权说等学说[①]，但即便形成某种共识或通说，仍然需要继续探究裁判依据——法律渊源层面上的定性工作。尤其是我国民商事立法采纳了“民商合一”模式，法理上归位于特定权利体系如债权或某类物权后，实践中仍要明确待裁法律纠纷是一般民事借款的债权法律关系，还是具备商事甚至金融属性的法律关系，以明确有管辖权的具体法庭、具体裁判规则体系及针对性指导案例等司法实务中不可缺少的关键要素。

具体典当法律纠纷在地域管辖确定后是否受特别设立集中管辖法院或法庭管辖，是否应适用金融相关裁判规范或规则体系等问题，通过观察否定典当纠纷金融属性的观点，可以锚定其中相关的认定指标或标准的几个关键维度：有以金融机构应当具有《金融机构法人许可证》为条件，不具备此证虽属金融行业内从事金融业务的经营组织但只能算是金融企业，而非金融机构；有以银监会于2015年公布的《非银行金融机构行政许可事项实施办法》未列明典当等理由否认典当金融机构地位的；有以将金融机构地位与是否处于中国人民银行监管系列挂钩，认为央行监管系列之外由商务部监管即不再为金融机构的。[②]争议法律关系金融纠纷属性的认定在明确权利体系位阶后，一般会考量涉案主体一方是否为金融许可的商事主体，争议法律事实或活动是否纳入金融监管，亦会考量金融法院的集中管辖范围等因素综合判断。

3. 现阶段典当关系的金融商事属性判定

下文尝试从典当行企业类型划分、典当业受监管情况、金融法院集中管辖范围等维度对现阶段典当关系的金融商事属性进行判定。

（1）从金融企业划分标准中审视

一行三会[③]联合统计局共同印发的《金融业企业划型标准规定》(〔2015〕

① 就典当的法律性质观点介绍，参见叶朋：《论当代典当制度在中国物权体系中的定位——兼论不动产典当的存废》，载《商业时代》2011年第33期，第100—101页；就典当宏观权利体系归位问题，参见高圣平：《民法典中担保物权的体系重构》，载《法学杂志》2015年第6期，第35—37页。

② 参见卢显洋：《中国典当行业监管立法及其完善——评〈典当行业监管规定〉》，载《重庆大学学报（社会科学版）》2018年第5期，第152—153页。

③ 该办法颁布时为“一行四会”即中国人民银行、中国证券监督管理委员会、中国银行业监督管理委员会（已撤销）、中国保险监督管理委员会（已撤销），后二机构调整为“中国银行保险监督管理委员会”。

309 号）将典当行企业与“银行业非存款类金融机构、贷款公司、小额贷款公司”并列，合称为“非货币银行服务类金融企业”，更上层种概念为“货币金融服务”，故从行业标准划分维度来说，典当业属金融行业，突出放款主体的商业机构与营业属性，这也是对典当交易进行开业许可交易与监管的原因[①]；在此意义上，典当所涉借款关系有别于民间借贷法律关系。

（2）从典当监管体系变迁中审视

典当业实际上一直处于较强的行政监管之下，而其监管部门也随行业发展有着更迭变化，典当业曾直接置于人民银行的监管之下，1993 年为落实中发〔1993〕6 号文件精神，人民银行、当时工商总局分别颁发《中国人民银行关于加强典当行管理的通知》《关于贯彻执行中共中央中发〔1993〕6 号文件的若干意见》等文件，明确典当行系“为个体工商户和城乡居民提供临时性贷款的非银行金融机构，其主管机关是中国人民银行”[②]，新设的需先获得人民银行审批，既存的需经人民银行验收，通过后方可取得或保留营业执照。[③]典当业的金融企业定位及筹建、开业、设立的前置实质审批做法，在 1996 年人民银行《典当行管理暂行办法》中予以确认。[④]随后 2000 年 6 月典当业监管权转归商务部前身原国家经贸委行使，2005 年商务部、公安部颁布《典当管理办法》，主要由商务部与地方商委就典当行设立开立行使监管权力，2015 年《国务院关于取消和调整一批行政审批项目等事项的决定》（国发〔2015〕11 号）中仍然保留设立典当行及分支机构为需要审批的“决定保留的工商登记前置审批事项”[⑤]。2018 年伴随国家机构改革[⑥]，典当业务经营监管职责划归中国银

---

① 参见《典当管理办法》，典当行开业要求具备《典当经营许可证》，对股东、分支机构、跨区经营等设置许可条件。

② 《中国人民银行关于加强典当行管理的通知》第 1 条。

③ 《关于贯彻执行中共中央中发〔1993〕6 号文件的若干意见》（工商企字〔1993〕第 244 号）第 2 条第 2 款。

④ 《典当行管理暂行办法》第 3 条规定：典当行是以实物占有权转移形式为非国有中、小企业和个人提供临时性质押贷款的特殊金融企业。第 8 条规定：申请设立典当行，必须报中国人民银行当地分支行审核，由中国人民银行省、自治区、直辖市、计划单列市分行批准并报中国人民银行总行备案。

⑤ 即附件 5：“国务院决定保留的工商登记前置审批事项目录（共计 34 项）。”

⑥ 参见《中共中央关于深化党和国家机构改革的决定》等文件。

保监会[①]，逐步开展监管交接工作。2019年，中国银保监会发布《关于明确典当行监督管理有关事项的函》（普惠金融部〔2019〕13号）、2020年发布《关于加强典当行监督管理的通知》（银保监办发〔2020〕38号）改审批为市场准入，将《典当金融许可证》作为开业即从事典当活动的必要条件，无证不得开业，比照金融机构监管一般做法对典当业实施“分类监管”。

典当业的日常经营、运行亦受相应监管，如当票向监管系统扫描上传、当票文义与格式监管、年审、监管报告与信息披露要求等。监管部门可采取信息化技术非现场监管与现场检查等监管途径，并可依据检查结果与监管规定采取谈话、出具警示函、责令改正、通报批评、将违规不法情况记入诚信档案并公布等监管措施，可给予警告、罚款等行政处罚，涉嫌犯罪的，应移交公安机关查处。随着典当业监管职能划归银保监会，典当业监管信息化系统也由过去商务部管理下的“全国典当行业监督管理系统”迁移至银保监会下“中国银保信”系统[②]。就典当交易的息费继续沿用《典当管理办法》的原则结合LPR实施监管：当金利率按贷款市场报价利率（LPR）及浮动范围执行，当金利息不得预扣。典当行应当根据实际提供的服务向当户收取综合费用，且不得超过《典当管理办法》规定的费率上限。[③]此外，典当行的变更、解散等进程亦在监管范围内，如典当行解散应先行获批后再按照《公司法》规定终止法人人格。[④]

综上，虽然监管部门随政府机关职能调整有所变迁，行政许可形式经历“金融机构营业许可证”到“典当经营许可证”，但典当业作为一种“当物—当金”经营活动从设立开业到运行甚至解散清算一直纳入监管体系之中，显然区别于民间借贷此类狭义上的民事法律活动。

（3）从最高人民法院关于民间借贷适用范围中审视

如前所述，一些地方高院就典当纠纷的审理出台了地域性司法政策性文

① 参见《商务部办公厅关于融资租赁公司、商业保理公司和典当行管理职责调整有关事宜的通知》（商办流通函〔2018〕165号），监管归口一并移转的还有融资租赁公司、商业保理公司等。

② 参见《关于全国融资租赁企业管理信息系统、商业保理信息管理系统及全国典当行业监督管理信息系统迁移的函》（银保监普惠金融部便函〔2019〕114号）

③ 参见《中国银保监会办公厅关于加强典当行监督管理的通知》第10项。

④ 《典当管理办法》第22条。

件，有的直接规定典当的当金、息费等问题参照民间借贷处理（有的表述为不超过“中国人民银行公布的同期贷款利率 4 倍”），如《浙江省高级人民法院关于审理典当纠纷案件若干问题的指导意见》第 5 条①、《重庆市高级人民法院关于审理涉及小额贷款公司、担保公司、典当行商事案件若干问题的解答》第 13 条②及江苏高法审委〔2009〕45 号文件③等。

这些地方性司法政策文件大多颁布于 LPR 正式公布实施及新《民间借贷司法解释》颁布之前，典当息费及违约金司法保护限度数值为当金的 24%，远高于现阶段 LPR 四倍，更何况我国可预见未来 LPR 环境的银行间市场中利率总体呈下降趋势，若一味只强调地方司法文件相关字面表述，不衡量典当业本身融资、经营成本、行业惯例、资本市场现阶段供给情况等，僵化套用、比照民间借贷司法保护利率，也值得商榷；值得注意的是，一些地方法院司法文件特别强调了典当纠纷比照民间借贷处理的条件是“经金融监管部门之外的政府其他部门批准设立的”，如上所述，在 2018 年以后典当业监管部门明确为银保监会后，应对典当纠纷属性再作判定。

为解决各地关于典当纠纷裁判标准不甚统一的问题，也考虑到了 4 倍贷款利率在 LPR 实施后的实际内涵，最高人民法院于 2020 年 12 月 29 日公布了《最高人民法院关于新民间借贷司法解释适用范围问题的批复》（法释〔2020〕27 号）（以下简称《批复》）。这是最高人民法院作为我国最高审判机关通过司法解释的形式对典当行业的明确定位，对我国各级法院均具有法律效力。其第 1

① 《浙江省高级人民法院关于审理典当纠纷案件若干问题的指导意见》（浙高法〔2010〕195 号）第 5 条规定：“典当行与当户对典当综合费率有约定的，依法从其约定。当户有合理依据主张当期内典当行收取的利息、综合费用过高的，人民法院结合审理民间借贷纠纷案件中的利率保护标准、典当行经营成本等因素，合理确定应予保护的利息、综合费用数额。”

② 《重庆市高级人民法院关于审理涉及小额贷款公司、担保公司、典当行商事案件若干问题的解答》（渝高法〔2013〕245 号）第 13 条规定：“……如果典当行在绝当后六个月内提起诉讼，主张绝当后的利息及综合费的，且当事人约定的利息及综合费之和未超出中国人民银行公布的同期贷款利率 4 倍的，人民法院应予支持，超出部分人民法院不予支持。如果典当行在绝当后超出六个月提起诉讼，主张绝当后的利息及综合费的，人民法院不予支持，但可以按照中国人民银行同期贷款利率，从绝当期满后次日起至款项付清之日止支持资金占用损失……”

③ 江苏高法审委〔2009〕45 号文件直接规定，典当行主张借款期限届满后的利息及综合费用的，对于两项合计数额超过按银行同期同类贷款基准利率 4 倍计算的利息部分不予保护，参见钱锡清、武彬：《民间融资中典当纠纷的裁判困境与司法路径》，载《东方法学》2013 年第 1 期，第 145 页。

条规定，“经征求金融监管部门意见，由地方金融监管部门监管的小额贷款公司、融资担保公司、区域性股权市场、典当行、融资租赁公司、商业保理公司、地方资产管理公司等七类地方金融组织，属于经金融监管部门批准设立的金融机构，其因从事相关金融业务引发的纠纷，不适用新民间借贷司法解释。”该条文将典当行定性为金融机构，明确了其金融商事属性。此外，该条文还规定上述地方金融组织所从事的相关金融业务引发的纠纷不适用新民间借贷司法解释。因此，典当行作为上述七类地方金融组织之一，其所依法从事、经营的典当业务应属于“相关金融业务”，故而引发的纠纷不适用新民间借贷司法解释。

（4）从金融法院集中管辖范围审视

近年来，我国司法审判专业化程度不断提升，在设立互联网、知识产权法院后进一步改革创新，在一些地区组建金融法院或试点金融法庭，专门审理辖区内金融民商事案件和涉金融行政案件，从各地金融法院案件受理范围也可作为认定典当纠纷金融属性的一些参考，如上海金融法院将典当与证券、期货交易、信托、保险、票据、信用证、金融借款合同、银行卡、融资租赁合同、委托理财合同纠纷并列作为其受理的第一审金融民商事案件，[①] 北京金融法院亦承担辖区内典当、证券、信托、保险、金融借款合同等纠纷第一审金融民商事案件的管辖职责，[②] 另有地方上金融法庭亦作类似规定。[③]

（5）金融属性与典当法律行为核心要素

语义上金融一般涉及货币的发行流通、资金的存（取）、贷（收）等，[④] 经济学人谓金融的核心是跨时间、跨空间的价值交换，涉价值或者收入在不同时空进行配置的交易都是金融交易。[⑤] 金融相关司法裁判尺度的专业化与细分工作，还是应围绕金融纠纷诉讼标的之特征，锁定、建构相适应的证据与实体裁判的规则以及对应的规则解释、适用规则，而不是简单依赖行政监管部

① 参见《上海市高级人民法院关于上海金融法院履职的公告》第2条第1款第1项。

② 参见《最高人民法院关于北京金融法院案件管辖的规定》第1条第1项。

③ 长春市中级人民法院金融法庭管辖辖区内典当等金融相关纠纷一审案件。

④ 参见中国社会科学院语言研究所词典编辑室编：《现代汉语词典》，“金融”词条，商务印书馆2016年版，第675页。

⑤ 参见陈志武：《金融的逻辑》（上册），中信出版社2020年版，第7页。

门、行政许可颁发部门的属性来直接套用。最高人民法院关于民间借贷适用范围的批复及各地金融法院对各自一审民商事案件管辖范围类型化表述的合理性也是源于待决案件事实与金融本身属性与特征的契合度。

就典当而言，作为我国独有的一种制度，2005 年《典当管理办法》整理、确认的“现代典当”与历史上“典”与“当”存在较大区别。法制史上和我国台湾地区“民法”均呈现不动产典权与动产营业质并存的制度供给局面，典同时兼具“用益”与“融保”特征，典权人亦不要求营业，仅在广义上受土地兼并与平抑地价等限制，[①] 典权成立后，典权人获得了典物的使用收益之权，亦可出租或转典，出典人获得典价交付典物给典权人保留所有权、出售典物之权[②] 与回赎权，如果典物价值上涨，出典人得就市价与典价差价部分要求典权人找贴，如价平甚至下跌，则出典人不赎回、典物归典权人即可，故实际上典价与利息意蕴了出典人与典权双方各自对典物交换价值、典期内使用收益价值预估基础上的合意——一种预期“买卖”的远期交割的价值互换交易，典权人“融物”扩大了不动产孳息收取的资源，出典人以典价方式“融资”获得了不动产现值。

就营业质而言，乃当铺或其他以受质为营业者所设定之质权，为一般民众筹措小额金钱之简便方法，有其存在价值，营业质于质权成立之初，即以质物之价额为责任限度，出质人所负担责任为一种物的有限责任，质权人不得请求出质人清偿债务。[③] 若是营业质下双方就当金、当物的对应关系的商定与合意，既是双方意思表示成立典当法律关系的前提，更是双方一种彼此交易风险的预期安排——出质人可以不赎当、取赎当物即听任“绝当”，保留当金，消灭其所担保的债权，至于若到期时当物价值与当金及息费孰高孰低，两方均不负担权利义务，质物价格不足冲抵全部典当债权的不得追索差额，质物价格高于债权部分亦不负担返还义务。绝当获得当物所有权并非营业质的目的，而是一种资金融通交易中的风险控制机制——对于典当行而言，当金的归还及息费收入与绝当后当物价值的抵偿而当金归还权利消灭的两种局面均是

① 例如，我国台湾地区“民法”对转典、典权转让对价的限制。

② 出典人处分权能受典权人留买权即一种优先购买权的限制，出典人将典物出卖于他人时，典权人有权以相同条件留买。

③ 郑玉波:《民法物权》(修订 18 版)，三民书局 2012 年版，第 434 页。

交易安排的可能结果，绝当时当物的交换价值作为资金本息亏损的阈值和代偿，经营风险就控制在了资本市场资金成本、利率、品类当物价值的波动中。

我国2005年《典当管理办法》所整理、确认的现代典当制度最典型的特点有二：其一，不再保有传统意义上的不动产典，而是对“当”的标的范围扩大，包括了动产、不动产甚至权利，但不动产作为典当标的，不发生占有转移，当户继续占有不动产，当期内，典当行无权使用收益或处分不动产当物。其二，绝当及绝当包括的当物价值预期交易的意蕴受到严重削弱与限制，仅3万元以下的动产有类似绝当，即“当物所有权移转典当行而消灭当金债权债务关系”的效果，其他典当无适用的制度空间，也正因为此项规定，自然延伸出其他类型典当关系中，当期结束未按期赎当又未续当导致所谓逾期息费、不赎当物违约有否、违约金如何调整与标准等一系列问题；此外，同样由于3万元限额，使得价值较高当物尤其房屋等不动产典当关系越发类似金融贷款关系。典当设立时，当金交付与房屋抵押同步进行，当期结束不续当、不赎回的，不能发生传统典当关系中的“流押”处置，典当行与金融债权人一样仅得依规处置当物，变价金额用于当金本息及费用的清偿，超额价值退还当户。[①]

综上可见，典当业的金融商事属性突出，无论是从监管体系变迁、最高人民法院批复、专门审判管辖范围、金融企业分类等多个维度考量，还是从我国现代典当法律行为的主体与内容要素上审视。此外，在我国目前司法裁判还存在实质上区分金融商事与一般民事的客观现实。故，典当纠纷为金融商事纠纷，不应生硬适用譬如《民间借贷司法解释》等一般性的民事裁判规则，而应锚定其金融商事属性、确立特殊的司法裁判规则与对应解释、适用规则。

（二）典当息费的两面理解

目前，我国典当息费包括利息与费用两个部分，利息部分由于《典当管理办法》相关规定本身就将其比照银行中短期贷款处理，即“按中国人民银行公布的银行机构6个月期法定贷款利率及典当期限折算后执行”[②]，在司法实践中争议较少，实施LPR后，当金利息自然对接，比照同期LPR利率处理。争议较大的主要在于综合费用率及费用与利息合称的息费率。《典当管理办法》规定下的典当综合费用包括各种服务及管理费用，按当物种类分别规定上限

① 参见《典当管理办法》第43条。

② 参见《典当管理办法》第37条。

阈值：动产质押典当不得超过当金的 4.2%/ 月、房地产抵押典当不得超过当金的 2.7%/ 月、财产权利质押典当不得超过当金的 2.4%/ 月，当期不足 5 日的，按 5 日收取有关费用。[①] 综合费用与利息的分立，根本合理性在于“典当借贷”业务的综合成本经济理性下呈现出现的交易习惯，主要在于当物鉴定接收、资产评估、保管储存的特别费用以及典当业开业经营成本与财务费用等。若不加区分将典当业的成本与利润空间全部视为利息，不仅与实际情况不符，且极易将典当息费落入“高利贷”[②] 的简单符号，使其失去司法保护而目的落空，最终导致典当这一快捷便利、低信用门槛的短期拆借途径受到打压甚至彻底堵塞的局面，故而有必要从资金需求方当户与资金提供方典当行两个维度，把握典当息费的构成与属性。

1. 资金需求方当户眼中的典当息费——资金占用与路径选择综合成本

虽然典当业交易惯例及我国《典当管理办法》将“典当借款”成本区分为当金利息与综合服务费用，但就资金需求方——当户而言，其考虑是否采用典当方式拆借资金时，是将其合并考量的，典当息费代表着资金需求方对己方需求与成本的综合考量。这种综合考量一部分包含了资金占用的综合成本而无论名称如何，[③] 这部分成本的总计体现为利息率与借款时间的关系，是一种显性成本；另一部分包含了既有借贷途径的制度成本，即借贷的效率与便利因素，体现了各种融资渠道在一定时空范围内现实条件的理性对比与选择，资金占用部分成本低廉的资金供给手段可能附加了其他实现条件，如收入水平、征信状况等，典当作为一种物的现值担保融资，既实现了特定当物的交换价值的“现值”承兑，又保留了物的所有权与赎回资格，作为一种独特的资金供给手段，在借贷的效率与便利的隐形成本维度，有其属性上的天然优势。

---

① 参见《典当管理办法》第 38 条。

② 《民法典》第 680 条作了高利贷反对的宣示——“禁止高利放贷，借款的利率不得违反国家有关规定”，实际上中高利贷反对是借助“超限不保护”与“违约金调整”两路规制的，违约金调减时的实际损失上限又会参考贷款利息保护上限，而就保护上限又作了银行等金融机构贷款与民间借贷的区分，如银行贷款高利贷的认定依据《中国人民银行办公厅关于高利贷认定标准问题的函》按“法律允许的金融机构同期、同档次贷款利率（不含浮动）3 倍”处理，综合罚息、违约金等依据《金融审判解释》以合计不超过年化 24% 为限，民间借贷以《民间借贷司法解释》确定的限度为准。

③ 实际上任何产品通道的借款，均会发生中间环节的费用，如委托贷款、信托、小额贷款等均可存在服务费。

典当关系当事人的权利义务以双方合意形成的当票为准，而当票目前是制式化的。当票标明“当票”与“全国统一”字样，定有编号；上部记载典当行与当户身份与通信信息；中部对当物与当金及息费进行界定，当物部分包括序号、当物名称、规格状况、数量、估价、折当率（当金/当物估价），当金及息费部分包括典当金额、综合费用、实付金额、利息率（按月计算）、综合费用率（按月计算）等；下部注明典当期限、制单时间及备注事项，由于当票属监管重点，亦需按规定扫描上传监管系统，备注约定部分实务中一般以《典当管理办法》规定为蓝本作所谓的特别约定如列明权属保证条款（当户对当物享有完全所有权及处分权）、绝当后当物处置（当户同意绝当后典当行对当物进行变卖处置，也可以委托拍卖行对当物进行拍卖），以及绝当后的息费（绝当后至典当行收回全部债权之日，典当行有权按典当金额继续计收利息及综合费用，并按典当金额另行加收逾期费用等，如上所述，当票备注息费率一般不超过《典当管理办法》第37条、第38条规定）。

典当关系整体作为私法调整的法律关系的一种，其基本规制手段仍应坚持意思自治或称私法自治原则，如果典当关系为当户、典当行之间真实意思表示合意而成，如前所述，典当息费对于当户而言，实际上体现了资金占用与路径选择综合成本，如当户的知情权得到充分保证，其选择典当拆借是一种经济人的理性选择，则他本身受到自己作出的意思表示拘束，应受“禁反言”“诚信原则”的约束，司法政策的干预显然更要有充分理由，诚如学者所言：“仍存在法院断然判决综合费有违交易公平的情况，虽然这一裁判路径在表面上保护了当户的利益，但从长远看严厉的司法态度会严重遏制整个典当行业的发展乃至影响构建于商事习惯的商借贷、担保行业的秩序。”①

2. 资金提供方典当行视角的典当息费——商业目的实现方式

典当息费就资金提供方典当行而言，具有另一个维度的意义与价值，典当行作为开业经营的商事主体，以营利为目的属其当然追求，任何经营者的利润的来源均是收入覆盖成本税费后的盈余。故而典当这一中国资本市场供给途径存续的前提自然是经营的收入能覆盖经营者的综合成本且保有盈余。此点对于司法政策选择至关重要，我国司法裁判的现实是除去个案公平外，需要照顾到判决的社会效果。典当是一种有益的资金提供的制度供给工具与

① 周林彬：《商业行规的类型化及法律适用》，载《浙江工商大学学报》2019年第5期，第23页。

渠道，典当息费的司法裁判政策如果不考虑社会效果，而一味地调整、干预，可能会导致资金需求方的路径堵塞、供求关系在一定时空下不能平衡，势必会助长地下钱庄或脱离监管的高利贷等灰色产业、滋生法律外的灰色地带，以致损害社会公共利益。

故而评价典当息费的高低，势必要考量典当息费作为典当机构覆盖其经营成本所采取的方式的意义与价值，这关系到司法对典当息费裁判的社会效果。就典当行而言，除却开业行政费用、管理费用以外，财务费用高于银行等传统金融机构，是不争的制度现实：一方面，我国对典当业及分支机构的设立实施注册资本最低限额下的实缴制，且出资形式仅能以货币出资，排除了其他所有非货币出资形式[①]；另一方面，典当行业的资金来源有着严格的限制。一是禁止典当行向商业银行以外的单位和个人借款，以及典当行相互拆借资金。二是禁止商业银行向典当行提供授信。《中国银监会办公厅关于防范外部风险传染的通知》（银监办发〔2013〕131 号）第 4 条规定："银行业金融机构应根据信用评级情况，实行分级授信，对信用等级较高的机构可根据法规上限给予较高的授信额度，随着信用等级降低，授信额度逐级递减。严禁向典当行和非融资性担保机构提供授信。"三是对典当行的银行贷款比例作出了严格限制——自初始营业起至第一次报送年度财务会计报告的时期内从商业银行贷款的，贷款余额不得超过其注册资本，第一次报送财务会计报告之后从商业银行贷款的，贷款余额不得超过上一年度向主管部门报送的财务会计报告中的所有者权益，典当行不得从本市（地、州、盟）以外的商业银行贷款，典当行分支机构不得从商业银行贷款。[②]

典当运营过程中，由于废除了传统不动产典的转典、出租等典权人权利，当物在典当关系存续过程中典当行仅有保管义务而无任何增信或融资的可能，典当企业的合法资金来源仅包括注册资金与典当企业经营盈余，[③] 以及按照《典当管理办法》从商业银行获得的一定数量的贷款。[④] 除了典当服务本身所需开展质押、抵押典当业务及鉴定评估、咨询服务业务等，典当行不得将典

① 参见《典当管理办法》第 8 条。

② 参见《典当管理办法》第 44 条。

③ 息费实际上构成了典当行赖以存续的唯一收入与盈余的来源。

④ 参见《典当行业监管规定》第 21 条。

当资金挪作他用，尤其排除了对外转投资获取收益的可能。[①] 故而典当业高度依赖自有股本投入而没有规模效应或处分当物盘活资金以降低资金成本或称财务费用的可能，典当行亦无权收取当物孳息，不得转质或转当，当物不得再次融资腾挪，从而无法降低资本成本空间。

除资金成本降低途径受限外，典当权利义务的设置导致其运营成本远高于银行贷款业务，尤以动产典当突出，动产典当多为非标准化的首饰、奢侈品、字画等标的物，当金数额对当物价值的对应性要求在设立典当关系中就发生鉴定、评估等费用，在当期内，典当行负担保管当物之义务，如我国台湾地区“民法”规定前述义务为善良管理人之注意义务，[②] 储藏当物的库房应符合管理部门设置的标准，[③] 该保管义务属于不得约定排除的强制性义务，不得特约排除因可归责于自己之事由，导致当物灭失、毁损或被盗的责任；[④] 我国《典当管理办法》亦作类似规定，[⑤] 故而基于行业及治安监管要求，典当行需要投入较高的门店运营成本、技术服务成本。保管义务对应的费用与成本因义务之法定性而必然发生，这是一般银行等金融机构信用贷款中无须负担的。

虽然我国目前不动产典当业务与不动产抵押贷款业务从权利义务关系上并无实质性区别，但对于典当经营主体而言，其经营成本系其各类业务的综合成本，故我国《典当管理办法》就不动产典当下调了综合服务费保护限度（动产质押典当不得超过当金的4.2%/月、房地产抵押典当不得超过当金的2.7%/月），但仍高于不动产抵押贷款的同期利率。诚如学者所言，由于典当行受到其身份限制，且经营规模本身较小，而经营收入构成单一，仅靠股东出资使得典当行的资金力量无法与经营存款业务的大型商业银行相比，在客户群上，也缺乏可以与商业银行匹敌的优质客户，较易遭受违约风险，因此从源头上说，两者起点就是不平等的；此外，由于典当行受到经营范围限制，除了出借资金的孳息收益，无法经营其他项目，造成了营业收入单一，因此仅靠利息

① 参见《典当管理办法》第28条。

② 我国台湾地区“民法”第888条。

③ 我国台湾地区“典当业法”第8条。

④ 我国台湾地区“典当业法”第13条第2款。

⑤《典当管理办法》第41条规定：典当行在当期内不得出租、质押、抵押和使用当物。质押当物在典当期内或者续当期内发生遗失或者损毁的，典当行应当按照估价金额进行赔偿……

收入可能甚至无法满足日常的经营需要，其规模化经营受到了极大的限制，而且一旦违约率上升，典当行在无法如期回收当金的情况下，自身资金链也会面临断裂。因此，典当行通过收取综合管理费——这一“变相利息”确实情有可原。目前，收取综合管理费已经成为典当行业的商业习惯，出于尊重交易习惯的价值取向，司法应当保持适当的容忍。①

（三）绝当后息费与违约金

1.《典当管理办法》中的绝当

按照我国典当业的传统规则，如果当期届满，且超过典当行所规定的宽限期，出当人没有赎当或续当，即失去赎回权利，是为绝当，又称死当或满货。②《典当管理办法》规定典当期限或者续当期限届满后，当户在 5 日内不赎当也不续当的，为绝当。③

绝当的法律意义与当物的赎回息息相关，如果当户赎回当物即赎当解释为义务，则绝当为违反赎当义务的标志，绝当后构成违约责任；如果赎当与否解释为当户一种单方权利，则绝当为典当关系终止的法定原因，仅发生法律规定的当物所有权移转或应进入拍卖、变卖流程而已，并不一定触发违约责任。

观察我国传统的不动产典与动产营业质，均有绝当或绝卖之概念。不动产典称其为绝卖，发生绝卖或因典权附有绝卖条款④或者因回赎权灭失⑤而发生绝卖，绝卖后典权人即取得典物所有权。就动产营业质，质权人系经许可以受质为营业者，仅得就质物行使其权利。出质人未于取赎期间届满后 5 日内取赎其质物时，质权人取得质物之所有权，其所担保之债权同时消灭。⑥两

---

① 上海市高级人民法院课题组：《典当纠纷案件审理中的法律适用问题研究》，载《法律适用》2013 年第 6 期，第 63 页。

② 参见李倩茹：《论典当合同中的绝当及违约责任》，载《河北法学》2014 年 5 月第 32 卷第 5 期，第 167 页。

③ 参见《典当管理办法》第 40 条。

④ 典权附有绝卖条款者，出典人于典期届满不以原典价回赎时，典权人即取得典物所有权。典期不得少于 15 年。

⑤ 出典人回赎权法定灭失：就定期典权，期限届满后两年不回赎的，典权人取得典物所有权。不定期典权，设定后 30 年不回赎的，典权人取得所有权。

⑥ 参见我国台湾地区“民法”第 899–2 条。

者均坚持了典当“物之有限责任”的原则，当户或出典人“不赎回当物或典物有可能发生标的物所有权直接转让至典当行或典权人处的后果”系设立典当关系时双方的明知事实与可接受的预期安排，故有学者谓“典当行给付当金的对价是取得当物的交换价值，而当户取得当金的对价是丧失当物的交换价值”[①]，故其本质属于个人特定财物的信用交易，无第三人、第三方担保物的信用扩张。就传统意义上的不动产典、动产营业质而言，赎回很难称为一种义务，绝当亦非违约责任的起始。

我国《典当管理办法》中针对赎回与绝当如何界定的问题，有一定争议，有观点认为，典当合同中，典当行与出当人约定，在绝当后典当行可就未偿还的借款本金主张违约金，这已成为典当行业的一个惯例；有观点认为，绝当后继续收取违约金，违背了设置绝当制度的本意，赎当是出当人的权利而非义务，绝当后出当人不赎当，不违反合同约定，不能构成违约责任，典当行无权基于此而对当户收取违约金，但按照《典当管理办法》的规定和典当合同的约定，绝当后典当行有权对当物进行处理，并以所得的价金进行受偿。在实践当中，对当物的处理，尤其涉及房产、汽车等财产的处理，需要产权人的配合。而配合典当行处理当物是出当人的义务。如果出当人拒绝予以协助，甚至制造障碍，那么此类行为违反了合同约定，需要承担违约责任。[②]

就此问题，似不宜简单从《典当管理办法》第40条第1款所谓文义出发，因其表述为“典当期限或者续当期限届满后，当户应当在5日内赎当或者续当”，就得出结论宽限期内赎当或续当为“应为”之义务，否则该条第2款不会特别强调“于典当期限或者续当期限届满至绝当前赎当的”，当户除应偿还当期内约定当金本息、综合费用外，还应当根据金融机构逾期贷款罚息水平、典当行制定的费用标准和逾期天数，补交当金利息和有关费用，而未规定绝当后的罚息或费用交纳标准。亦不宜以法制史上“纯然物之有限责任”——绝当即移转所有权的传统，就断然否认我国现代典当绝当发生违约的可能。还是应回归《典当管理办法》上对应的具体典当类型的法律结构与特征，区别讨论为宜。

---

① 高圣平:《民法典中担保物权的体系重构》，载《法学杂志》2015年第6期，第34页。

② 李倩茹:《论典当合同中的绝当及违约责任》，载《河北法学》2014年5月第32卷第5期，第169—171页。

就绝当物估价金额不足 3 万元的动产典当，应有绝当后“流质”即发生所有权移转之规定，自不宜在典当行绝当取得当物权属后再行允许其追索绝当后息费及违约金。而当物估价金额在 3 万元以上的，无论当票约定按担保借款依法实现担保物权抑或委托拍卖行公开拍卖，实质效力与其他金融机构担保借款差别不大，均系担保物权的实现——拍卖、变卖变价物的净价值偿还债权后有剩余价值的，归提供担保物之人享有，不足偿债的，由债务人清偿。[①] 且如前所述，当期内当金和息费的金额合意代表了资金提供方与需求方双方对典当通道下各自成本与预期交换价值的共识与合意，在绝当不发生流押（或流质）的前提下，绝当后当金资金占用成本与费用理应参照当期内标准继续计算，直到当金本金、息费偿还完毕。故就当物估价金额在 3 万元以上的典当发生绝当的，有违约责任的发生与适用。[②] 至于所担忧的逾期息费率过高，且典当行怠于行使“实现担保物权”或变相延长典当期限等担忧，属于息费司法保护上限、违约金调减标准等司法规制措施可解决之问题。

2. 绝当后息费与违约金的计算

对绝当后的利息及综合费用，有的主张继续以典当期内的息费率标准计算；有的主张综合费用按典当期内的标准计算，而利息按罚息率计算或按照违约金标准计算；有的主张以结欠息费之和为基础按逾期贷款的罚息率标准计算或按违约金标准计算；有的主张应当以两项合计不得超过按银行同期同类贷款基准利率 4 倍计算的数额。[③] 如前所述，就当物估价 3 万元以上典当绝当后息费的计算总体属违约责任范畴，现阶段应适用《民法典》第 584 条、第 585 条及最高人民法院《全国法院贯彻实施民法典工作会议纪要》（法〔2021〕94 号）第 11 条之规定，就违约金或违约损害计算方法有约定的按约定处理，但

---

① 参见《民法典》第 413 条、第 438 条，《典当管理办法》第 43 条中规定，“典当行应当按照下列规定处理绝当物品：（一）当物估价金额在 3 万元以上的，……拍卖收入在扣除拍卖费用及当金本息后，剩余部分应当退还当户，不足部分向当户追索”。

② 有学者抽样选取北京市 15 个典当纠纷案件，其中有 4 例法院认为绝当后违约金无法律依据，不予支持；其他 11 例支持了典当行关于绝当后违约金的诉讼请求，可参见郭娅丽、李倩茹：《规范与促进北京典当行业发展的立法建议》，载《理论月刊》2014 年第 10 期，第 109 页。

③ 雷新勇：《论绝当后息费的计算》，载《法律适用》2011 年第 10 期，第 47 页。

应按实际损失包括如不违约可得预期收益合计 1.3 倍为限，[①] 但罚息、违约金、绝当后服务费等综合息费仍应受司法保护上限的调整，即按照《金融审判解释》的以合计不超过年化率 24% 为限。

三、典当息费司法规制手段的合理性探讨

（一）法律关系内容局部调整——司法保护上限

1. 司法保护上限的含义

私法中的消费借贷法律关系中，由于有利息等形式法定孳息的存在，就此类法律关系的司法规制主要有设立法律关系内容上的保护上限与违约金调整两种措施，两者有所分别亦有所联系。利息或息费的司法保护上限本质上属于不整体否定法律行为效力的前提下对法律关系的内容做局部调整——超过一定限度的孳息幅度不能获得胜诉判决支持，主要针对合同履行期限内双方约定的利率、费率等，常见的有《中国人民银行办公厅关于高利贷认定标准问题的函》、2015 年旧《民间借贷司法解释》第 26 条、第 28 条，2020 年新《民间借贷司法解释》第 25 条、第 27 条，《典当管理办法》第 37 条、第 38 条就典当息费率的规定等。《典当管理办法》等部门规章中对于典当息费率的规定虽直接属于监管部门执行的监管上限标准，但亦是对新中国恢复与重建典当制度以来行业与交易习惯的总结与确认，审判实务中司法机关对典当息费在当期内的保护亦参照适用此标准。

2. 超限的法律后果

就资金使用关系中，当事人在协议中作了超过司法保护限度的约定时，未超限部分息费有效，超限部分可能发生超限直接认定自始无效或转化为自然债务两种后果，两者之区分以旧《民间借贷司法解释》第 26 条、第 31 条的规定最为典型，如约定利率超过 24/ 年但未逾 36/ 年，则范围内利息属于自然债务，无法获得人民法院胜诉裁判保护，但约定债权债务本身在法律上存续，若借款人自愿支付该范围内利息，构成债务清偿，排除嗣后不当得利请求返还的适用，此为自然债务后果；超过 36 部分为无效，不仅未支付部分出借人无法通过诉讼方式声索，已支付的，借用人得请求返还。新《民间借贷司法

① 如前文所述，具体绝当后违约责任范围不应超过典当资金占用成本之合意对价——当期内约定的典当息费率计算的本金与息费债权额的 1.3 倍。

解释》仅关注通过司法程序可获胜诉裁判支持的司法保护上限——结合 LPR 实施，统一修订为“合同成立时一年期贷款市场报价利率四倍”。

就典当息费而言，根据《典当管理办法》第 37 条、第 38 条，《中国银保监会办公厅关于加强典当行监督管理的通知》（银保监办发〔2020〕38 号）第 10 项之规定，对于超出司法保护上限的应属于违反效力性强制规范而导致整个典当行为无效。但在实践中，由于当票的规范性及管理制度的完善性，一般不存在超限约定息费的情况，且《典当管理办法》第 37 条、第 38 条规定的综合息费率可完全覆盖现阶段典当行业成本，考虑到小额贷款、保理等非银行金融借款渠道的市场竞争因素，双方约定的典当息费一般低于典当息费的司法保护上限。故就典当而言，争议焦点更主要体现在绝当后息费计算及违约金调整问题。

（二）资金使用关系中的违约金调整

违约金调整在现阶段我国法律实务中一般倾向于被认定为一种有赖于合同当事人可主动申请[①]的针对约定违约金的酌减或调增司法调整措施，[②]因其解释论上冠以司法政策落实诚信原则、调整意思自治方案实现实质公平等名义，属于当事人不得约定排除的强制性适用事项[③]，就价款或本息的返还、迟延、逾期等违约责任而言，常确定某计算标准作为违约金过高需酌加的参考尺度，[④]如《中国人民银行关于人民币贷款利率有关问题的通知》（银发〔2003〕251 号）第 3 条关于罚息利率的规定、原《最高人民法院关于逾期付款违约金应当按照何种标准计算问题的批复》、《最高人民法院关于审理买卖合同纠纷案件适用法律问题的解释》第 18 条第 4 款、《最高人民法院关于审理商品房买卖合同纠纷案件适用法律若干问题的解释》第 14 条第 2 款、《最高人民法院关于

---

① 我国原《合同法》第 114 条、《民法典》第 585 条文义上强调了当事人主动申请，实践中人民法院或仲裁机构常有释明违约金调整的情况。

② 司法酌减比较法上较为常见，但在采民商分立模式下的国家中，商人在经营中所允诺之违约金不适用。我国原《合同法》第 114 条、原《最高人民法院关于适用〈中华人民共和国合同法〉若干问题的解释（二）》第 27 条至第 29 条、现《民法典》第 585 条进行了规定。

③ 例如，《荷兰民法典》第 6：94 条、《法国民法典》第 1231-5 条，我国最高人民法院既有判例中亦强调违约金调整约定排除仍需受到公平原则的司法考量，可参见最高人民法院（2016）最高法民申 1780 号民事裁定书。

④ 本文所论司法规制手段不包括执行阶段迟延利息加倍的执行措施。

审理建设工程施工合同纠纷案件适用法律问题的解释（一）》第25条、第26条等，就借款合同而言，主要针对借款期限外逾期息费违约赔偿参考标准问题。

就典当绝当后所谓逾期息费、罚息、违约金调整标准（主要是酌减标准）问题，如前所述主要因对所谓典当借款本身及典当法律关系纠纷金融属性认识不一致而导致的分歧，肯定典当综合费用合理性与特殊性以及典当借款纠纷金融属性的，支持按最高人民法院于2017年8月4日颁布的《金融审判解释》确定的24%年化率作为逾期息费、罚息、违约金总计的调整标准。若一味地否定典当的金融属性而参照《民间借贷司法解释》处理，则有悖于最高人民法院与金融监管部门对于典当行属于金融机构的定位。此外，在新《民间借贷司法解释》实施前，民间借贷的司法保护利率与24%年化率的数值相当，适用何种规范造成的裁判差异较小，而在LPR实施后，民间借贷的司法保护利率，即一年期LPR的四倍，与24%年化率已相去甚远。

（三）两种规制手段的合流

两种司法规制手段又因违约责任与原合同义务的承接关系互有关联，尤其对资金借用、使用关系发生的借款合同、典当关系中，所谓逾期后违约责任实际上为赔偿性与惩罚性违约金的加总，而赔偿性违约金标准大体与履约期间内合同约定的资金使用利率、费率相当，如当事人并未约定逾期利息的，人民法院一般按自逾期还款之日起按照借期内利率支持资金占用期间利息的请求。约定了逾期利息、罚息、违约金或其他费用的，无论其具体称谓与名目，合并主张时均解释为广义上的金钱之债的违约金调整，其调整标准又会参考履行期限内的司法保护上限。比如，新《民间借贷司法解释》之规定：出借人与借款人既约定了逾期利率，又约定了违约金或者其他费用，出借人可以选择主张逾期利息、违约金或者其他费用，也可以一并主张，但是总计超过合同成立时一年期贷款市场报价利率四倍的部分，人民法院不予支持[①]。又如，最高人民法院于2017年8月4日颁布的《金融审判解释》中规定“金融借款合同的借款人以贷款人同时主张的利息、复利、罚息、违约金和其他费用过高，显著背离实际损失为由，请求对总计超过年利率24%的部分予以调减的，应予支持，以有效降低实体经济的融资成本”，司法保护上限与违约金调整标准在消费借贷契约纠纷中的“合流”还是基于货币孳息——资金时间成本的持续、

① 《最高人民法院关于审理民间借贷案件适用法律若干问题的规定》（2020年第二次修正）第29条。

均匀的线性属性，对合计或总额的控制是司法政策对该种资金使用代价管控与规制的一道“总阀”。

（四）典当息费两种司法规制措施的代价与成本

1. 效力保护上限与资本市场供需关系

我国就资金使用关系的司法保护上限，源于对高利贷的调控习惯，有一定约定俗成的意味，从基准贷款利率标准迁移至 LPR 的四倍标准，比较看重一定阶段时期内裁判效率与尺度的统一，司法界较为明确采纳四倍标准的为 1991 年颁布的 21 号文件《最高人民法院印发〈关于人民法院审理借贷案件的若干意见〉的通知》，文件第 6 条规定：“民间借贷的利率可以适当高于银行的利率，各地人民法院可根据本地区的实际情况具体掌握，但最高不得超过银行同类贷款利率的四倍（包含利率本数）。超出此限度的，超出部分的利息不予保护。”关于四倍贷款利率作为司法保护上限的由来，据说最早源于《中共中央转发邓子恢〈关于城乡高利贷活动情况和取缔办法的报告〉》中提到的“高利贷和正常借贷的界限，主要按利息的高低来确定，一切借贷活动，月息超过一分五厘的，视为高利贷；月息不超过一分五厘的，视为正常的借贷”[①]，报告所提利率基本为当时利率四倍，后虽银行贷款利率各时期有变，但四倍比例关系作为习惯沿用至今。典当息费的司法保护上限自有规范性规章以来，一直结合行业与历史息费习惯，远高于银行贷款利率，如中国人民银行 1996 年颁发的《典当行管理暂行办法》中设定质押贷款的月利率，可以国家规定的同档次流动资金贷款利率为基础上浮 50%，典当的费用包括服务费、保管费和保险费等，其月综合费率最高不得超过当价的 4.5%。

司法保护上限实质上系一种对私法主体意思自治所形成的法律关系内容上的一种政策性干预与调整，其合理性与正当性的具象理由一般有金融秩序的维护、利用借贷手段与他人窘迫压榨超额利息、规避国家金融与资金管理宏观政策、诱发促进投资泡沫甚至导致洗钱、暴力追债等治安违法或刑事犯罪等，这些诉求体现了制度设计的良好意愿与目标，其实现可行性及实际实施效果，似有再斟酌之必要，如个别高息压榨违背真实意愿的矫正与救济，已有法律行为意思表示瑕疵的相关裁判规范提供，欺诈、胁迫、乘人之危的

① 参见《中共中央转发邓子恢〈关于城乡高利贷活动情况和取缔办法的报告〉》（一九六四年二月十五日）第 1 项。

可撤销已经给予了借款人比较周全的保护；国家关于资金与投资引导、宏观调控的方式越来越精细化，主要针对特定行业领域的贷款或融资政策，如前所述，典当业受限于资金来源的严苛管制，主要依赖于自有股本出资及经营所得，主要客户对象主要为短期小额资金周转，与宏观政策落地相距甚远，法律框架内的资金供给充足，才能满足不同信贷主体需要。若合法途径受阻或因干预过度消亡，在一定资金供需不平衡阶段，更容易滋生不合法的融资手段。

故而在采用司法保护上限之措施来规制典当业及其他金融行业时，需结合既定市场环境下，衡量融资方包括现实制度选择在内的综合成本，关注管控手段、程度与管控对象本身经营属性与特征的匹配问题。实际上，资本市场有其自然调整机制，如果利率、息费等资金占有价格传导机制有效、不失灵，各渠道、各类型金融机构与不同资金需求方会共同建立资金供需的一种动态平衡，管制与干预不当或过度，在不解决供需矛盾的情况下，极易导致隐形成本抬高与寻租现象，最终还是会抬高社会整体融资成本，损害具体资金需求方的利益，管制良善目标与意愿也会遗憾落空。具体到典当息费保护上限措施的完善，并非其单一类型单一业务调整可以实现与完整的，有赖于整个资本市场、监管环境与认识的协同与转变。

2. 违约金酌减与违约成本

违约金司法酌减在我国近年来的司法实践中引发了较大争议，一方面，在我国民商合一的立法模式下，并未给商事法律关系中不适用违约金调整预留制度空间，[①] 有时商人间订立违约金条款旨在降低举证与维权成本，借助违约金锁定预期利润以便做后续商业安排，而相对人有时亦希望设立稳定的违约金金额，借支付违约金而可跳出合同约束，如果僵化地以事后结果评价并调整事先安排而不考虑商业往来中商主体的交易习惯与经济理性，可能会给商业交易中风险安排与交易造成障碍；另一方面，原《最高人民法院关于适用〈中华人民共和国合同法〉若干问题的解释（二）》下的违约金调整的举证责任安排不甚合理，[②] 一些人民法院适用违约金调整时，将违约造成实际损失的

① 民商分立国家中，一般排除了商事合同的违约金调整的适用，如《德国商法典》第348条规定：一个商人在自己的商事营利事业的经营中所允诺的违约金，不得依《德国民法典》第343条的规定减少。

② 司法界显然注意到违约金酌减举证责任分配的问题，在最高人民法院《全国法院贯彻实施民法典工作会议纪要》（法〔2021〕94号）中规定为："当事人主张约定的违约金过高请求予以适当减少的，应当承担举证责任；相对人主张违约金约定合理的，也应提供相应的证据。"

举证责任加诸守约一方，增加了守约方的维权成本，变相降低了违约方的违约成本，局部纠正个案不公平的特例规则实际运行中起到了助长合同当事人违约的尴尬后果。

在当期届满未续当而当物金额高于 3 万元的典当关系中，典当金额逾期违约金，因实践中执行的罚息、违约金等的总计调整标准 24% 显著低于《典当管理办法》规定之当期内息费最高保护限额，形成了倒挂，造成了违约成本低于守约成本，逾期不归还当金、缴纳息费，实际上享受更优于原交易条件的尴尬局面，无疑事实上起到了“鼓励”一个经济理性人积极违约的后果，实践中，在发生逾期不返还当金、不支付息费的纠纷中，典当行还会“奇怪”地主动下调约定的罚息与违约金，以期能完整获得司法裁判对其诉讼请求的支持。

显然这种经济理性驱动的主动违约完全与私法秩序所要求的诚实信用、公序良俗、信守合同的基本原则背道而驰，纠正这种从根基上贬损法秩序的局面有赖于违约金调整司法规制措施适用到具体个案的审慎适用、有赖于对不同行业尤其是商事交易中违约金所包含的综合成本与风险安排等丰富内蕴的理解与尊重、有赖于对依法订立有效合同拘束力与意思自治原则的坚守、有赖于对资本市场供需关系与竞争环境下资金供给价格发现的市场规律的尊重。

四、结论

我国现阶段典当制度有一定的自身特色，但仍存在多借助司法规制手段干预典当综合息费的现象。首先，司法裁判应肯定典当的金融商事属性，深刻理解典当与一般民间借贷的区别。典当行业往往使用自有资本、是监管体系完备、系统性风险较低的金融行业，将典当综合息费交给信贷市场，利用典当业的快速、便捷充实资金市场短期快速需求。若“一棍子打死”、封堵典当的融资手段，对社会、对资本市场并非有益，也会对整个非银行资金服务业造成严重影响，与普惠金融政策相违背。因此，司法规制应坚持最高人民法院在《批复》中关于典当行属于金融机构的观点。其次，应尊重行业规律，考虑行业成本。典当行业有较为完善的规制体系，典当行不能转当或转质从而降低资本成本，亦不能对外融资募集资金。动产的息费应考虑到保管、鉴定、安防等收当、存当成本；不动产应考虑不能流押、处置周期长等行业经营以及制度成本。若司法不加区分地调整、干预典当的综合息费，则会导致典当息费不能完全覆盖其成本。长此以往并不利于典当行业的良性、健康发展。动产典当的司法裁判政策应尊重行业习惯，依据《典当管理办法》及当票约定，把握司法保护上限与违约金调整幅度等。对于不动产或权利作为当物的，与金融机构一般抵押贷款、权利质押贷款相类似的，且典物较为标准化的贷款，可借鉴最高人民法院《金融审判解释》确认的总计超过年利率24%的标准，因典当行业实际运维成本系一体多类型业务的综合成本，如过于简单适用4倍LPR作为不动产或权利典当业务息费率保护标准，不仅违背了司法政策与监管文件对典当法律关系的定性以及对其业务息费的规制原则，还会大幅提升典当业主整体的经营成本，更导致了当期内守约缴纳息费率远高于绝当后违约赔偿息费率，从而鼓励"经济人""理性人"违约的尴尬局面，有悖于私法中的诚实信用、公序良俗与信守约定的基础性原则，也不利于典当业务在资金供需市场中合理价格的发现。

《仲裁法》修改背景下仲裁员披露义务制度研究

——以我国法院撤销仲裁裁决实证研究为视角

杨　赟[*]　金文轩[**]

● **摘　要**

由于目前《中华人民共和国仲裁法》对于仲裁员披露义务规定的缺失，我国法院关于仲裁员披露义务相关制度的司法审查实践存在着“同案不同判”、法律适用分歧、披露义务标准不明等问题。此次《中华人民共和国仲裁法（修订）（征求意见稿）》明确规定了仲裁员的披露义务，本文通过梳理法律规范与司法实践中披露义务制度所面临的现实困境，建议我国在将披露义务法定化的基础上采纳客观披露标准，即当可能产生合理怀疑的“任何事实或情况”出现时，被选定或被指定的仲裁员应当进行披露。同时建议加强仲裁员的准入标准，放宽披露标准，结合仲裁机构的监督和干预，降低披露标准对于仲裁程序的公正性所产生的影响。

● **关键词**

仲裁员　披露义务　司法审查　仲裁法修改

---

*　杨赟，国际法博士研究生，外交学院国际法系讲师。

**　金文轩，伦敦国王学院潘迪生法学院 LLM。

Abstract: Due to the lack of provisions on arbitrators' disclosure obligations in the Arbitration Law, the current judicial review practice of arbitrators' disclosure obligations by Chinese courts has problems such as "different judgments in the same case", differences in the application of laws, and unclear standards of disclosure obligations. The revision of the Arbitration Law clearly stipulates the disclosure obligations of arbitrators. This dissertation, by sorting out the practical difficulties faced by the disclosure obligation system in legal norms and judicial practice, proposes that China adopt objective disclosure standards on the basis of legalizing disclosure obligations. That is, the selected or appointed arbitrator should disclose "any facts or circumstances that may give rise to reasonable doubts as to the arbitrator's impartiality and independence". At the same time, it is recommended to concentrate more on the qualifications of arbitrators before appointment, and under the supervision and intervention of arbitration institutions, to reduce the impact of disclosure standards on the fairness of arbitration procedures.

Key Words: arbitrator, disclosure obligation, judicial review, revision of arbitration law

一、问题的提出

在我国仲裁制度的构建中，仲裁员公正地、独立地行使仲裁权始终是商事纠纷通过仲裁程序得到有效解决的保障，公正性意味着仲裁员对双方当事人与仲裁裁决所持的公平立场，独立性即仲裁员应客观地作出裁决而不被当事人或其他情况影响。公正性与独立性涉及的议题既包括开庭前后仲裁员的选任资格，也包括双方当事人对仲裁员回避之质疑，以及仲裁员披露义务界限之划分等。回顾1994年我国第一部仲裁法颁布至今，仲裁员制度建设逐渐起步，充分体现了我国仲裁事业的发展水平。目前，《中华人民共和国仲裁法》（2017年修正）（以下简称《仲裁法》）已经就仲裁员相关制度作出了初步规定。

在实践层面，仲裁机构通过发挥仲裁规则的作用，寻求尊重当事人意思自治和确保仲裁员独立性与公正性之间的平衡。但是与国际仲裁立法和实践相比，我国对于仲裁员公正性与独立性的判断标准仍处于探索阶段，《仲裁法》对于仲裁员披露义务存在立法空白，对于仲裁的司法审查存在着法律适用不一致、“同案不同判”的现象，致使多个仲裁裁决被撤销，这对我国仲裁的公信力和国际声誉都会产生不良影响。

2021年7月司法部发布了《中华人民共和国仲裁法（修订）（征求意见稿）》（以下简称《仲裁法（征求意见稿）》），其在仲裁员披露义务等公正性与独立性审查方面的修改，在一定程度上开启了仲裁员制度的新发展。作者认为，仲裁员的披露义务即要求仲裁员诚实守信地、及时地向本案当事人披露可能存在的影响其独立性与公正性的事实。仲裁员披露制度居于维持仲裁员公正性与独立性的核心地位，与仲裁员回避制度、仲裁员选任制度一脉相承。因此，本文将从我国法院撤销仲裁裁决的实证研究视角，将《仲裁法》修改背景下仲裁员披露义务制度这一问题置于讨论核心，在回顾大量案例与已有规制的基础上，梳理法律规范与司法实践方面完善披露义务制度所面临的现实困境，就《仲裁法（征求意见稿）》中有关仲裁员披露义务的方面进行差距分析，并提出合理构建披露义务制度的方案。

二、我国法院关于仲裁员披露义务制度的司法审查实践

（一）我国法院关于仲裁员披露义务制度的司法审查实践样本梳理

为了对我国仲裁司法审查实践就《仲裁法》中仲裁员披露义务制度的困境加以探讨，本文通过“威科先行”法律信息库的渠道获得以下案例裁决，对截至2022年8月的近十年的案例进行归纳与整理。具体的案例检索方式为：首先将案由限定在“申请撤销／不予执行仲裁裁决”，其次以“披露”“仲裁员”为关键词进行了检索。经过一一查阅，本文筛选掉如劳动争议仲裁等不具有直接相关性的裁决文书，并以案件事实主流、具有代表意义为标准进行辨别，最后共收集到如下22个案例。

案件	管辖法院	结案日期	是否撤裁	适用规则[①]	案件核心
1. 宿迁隆季针织有限公司、宿迁市国土资源局等申请撤销仲裁裁决案[②]	江苏省宿迁市中级人民法院	2013.06.20	否	《仲裁法》第34条[③]、《宿迁仲裁委员会仲裁暂行规则》[④]	本案相关争议焦点为仲裁员和代理人在同一律协任职，裁决应否被撤销。法院认为，虽然代理人与仲裁员同为宿迁市律师协会及宿迁市政府法律顾问团成员，但也彼此独立，首席仲裁员在仲裁时是作为一名独立的、中立的仲裁员进行裁决，并不因其兼有其他身份而对仲裁纠纷的公正裁决有所影响
2. 曾某荣、王某与叶某全、曹某芹申请撤销仲裁裁决案[⑤]	广东省广州市中级人民法院	2014.09.18	否	《仲裁法》第34条	本案相关争议焦点为首席仲裁员和一方当事人指定的仲裁员曾有师生或同事关系，裁决应否被撤销。法院认为，申请人无法证明上述事宜可以构成撤销事由
3. 山东钱江置业有限公司、浙江龙生房地产开发集团有限公司等申请撤销仲裁裁决案[⑥]	浙江省杭州市中级人民法院	2015.10.26	否	《仲裁法》第34条	本案相关争议焦点为仲裁员与一方代理人同是本案仲裁委仲裁员名册中所列仲裁员，裁决应否被撤销。法院认为，该代理人虽系杭州仲裁委员会聘任的仲裁员，但其并非本案的仲裁员，而是当事人的代理人，并不违反仲裁法和仲裁规则的规定

① 此列所述《仲裁法》、仲裁规则是指不同案件中根据法律的时间效力所适用的不同版本的《仲裁法》、仲裁规则。

② （2013）宿中民仲审字第0054号。

③ 《仲裁法》第34条规定：仲裁员有下列情形之一的，必须回避，当事人也有权提出回避申请：（一）是本案当事人或者当事人、代理人的近亲属；（二）与本案有利害关系；（三）与本案当事人、代理人有其他关系，可能影响公正仲裁的；（四）私自会见当事人、代理人，或者接受当事人、代理人的请客送礼的。

④ 《宿迁仲裁委员会仲裁暂行规则》规定：即"其他关系"是指（1）仲裁员对于承办的案件事先提供过咨询的；（2）仲裁员与当事人、代理人在同一单位工作的；（3）仲裁员现任当事人法律顾问或代理人的，或者曾任当事人的法律顾问且离职不满两年的；（4）为本案当事人推荐、介绍代理人的；（5）仲裁员担任过本案或与本案有关联的案件的证人、鉴定人、勘验人、辩护人、诉讼代理人的；（6）其他可能影响公正裁决的事项。

⑤ （2014）穗中法仲审字第98号。

⑥ （2015）浙杭仲撤字第39号。

续表

案件	管辖法院	结案日期	是否撤裁	适用规则	案件核心
4. 申请人姬某玲与被申请人陕西达昌房地产开发有限公司申请撤销仲裁裁决案①	陕西省榆林市中级人民法院	2016.12.19	是	《仲裁法》第13条②、《中华人民共和国公务员法》	本案相关争议焦点为仲裁员未披露其是公安局干警，系公务员，裁决应否被撤销。法院认为，公务员不得兼任执业律师，贺某以律师的身份担任仲裁员违反仲裁法与公务员法，应当撤销
5. 山东省建设建工（集团）有限责任公司、山东唯实置业有限公司申请撤销仲裁裁决案③	山东省枣庄市中级人民法院	2017.01.16	是	《枣庄仲裁委员会仲裁规则》第26条④	本案相关争议焦点为独任仲裁员与一方代理人同是本案仲裁委仲裁员名册中所列仲裁员，且同时在市律协中担任职务，是否应撤裁。法院认为，双方存在可能影响公正仲裁的"其他关系"，然而，该仲裁员未披露并回避，这违反了《仲裁法》及《枣庄仲裁委员会仲裁规则》
6. 江苏天易拍卖行有限公司、诸葛某东申请江苏银行股份有限公司连云港分行撤销仲裁裁决案⑤	江苏省连云港市中级人民法院	2017.06.30	是	《仲裁法》第58条⑥、《最高人民法院关于适用〈中华人民共和国仲裁法〉若干问题的解释》第	本案相关争议焦点为仲裁员曾参加案件的咨询会并发表了咨询意见，但并未主动披露，仲裁庭的组成是否违反了法定程序。法院认为本案适用《连云港仲裁委员会仲裁规则》第24条第2项，并据此认为本案仲裁程序违法，通过援引

① （2016）陕08民特9号。

② 2009年《仲裁法》第13条第2款规定：仲裁员应当符合下列条件之一：（一）从事仲裁工作满八年的；（二）从事律师工作满八年的；（三）曾任审判员满八年的；（四）从事法律研究、教学工作并具有高级职称的；（五）具有法律知识、从事经济贸易等专业工作并具有高级职称或者具有同等专业水平的。

③ （2016）鲁04民特9号。

④ 《枣庄仲裁委员会仲裁规则》第26条规定：仲裁员、书记员有下列情形之一的，应当主动提出回避……（四）与本案当事人、代理人有其他关系，可能影响公正仲裁的。

⑤ （2016）苏07民特48号。

⑥ 《仲裁法》第58条规定：当事人提出证据证明裁决有下列情形之一的，可以向仲裁委员会所在地的中级人民法院申请撤销裁决：（一）没有仲裁协议的；（二）裁决的事项不属于仲裁协议的范围或者仲裁委员会无权仲裁的；（三）仲裁庭的组成或者仲裁的程序违反法定程序的；（四）裁决所根据的证据是伪造的；（五）对方当事人隐瞒了足以影响公正裁决的证据的；（六）仲裁员在仲裁该案时有索贿受贿，徇私舞弊，枉法裁决行为的。人民法院经组成合议庭审查核实裁决有前款规定情形之一的，应当裁定撤销。人民法院认定该裁决违背社会公共利益的，应当裁定撤销。

续表

案件	管辖法院	结案日期	是否撤裁	适用规则	案件核心
				20条①、《连云港仲裁委员会仲裁规则》第24条第2项②	《仲裁法》第58条第1款第3项的规定撤销了本案仲裁裁决
7. 山西建筑工程（集团）总公司、蒙城万佛商砼有限公司申请撤销仲裁裁决案③	安徽省亳州市中级人民法院	2017.08.01	是	《仲裁法》第34条、《律师和律师事务所违法行为处罚办法》第7条④	本案相关争议焦点为一方代理人是亳州仲裁委的仲裁员，与该案三位仲裁员是同事关系，是否应当撤裁。法院认为，该代理人与三位仲裁员之间存在可能影响公正仲裁的关系，仲裁庭的仲裁员未自行披露并回避，应认定仲裁庭的组成违反法定程序
8. 江苏富润电子工程有限公司申请无锡市新吴区人民政府新安街道办事处撤销仲裁裁决案⑤	江苏省无锡市中级人民法院	2017.12.15	否	《仲裁法》第58条	本案相关争议焦点为新吴区政法委书记担任仲裁员，新吴区人民政府新安街道办事处为一方当事人，裁决应否撤销。法院认为，申请人主张应当告知仲裁员的工作单位、仲裁员与新安街道存在利害关系，于法无据

① 《最高人民法院关于适用〈中华人民共和国仲裁法〉若干问题的解释》第20条规定：《仲裁法》第58条规定的“违反法定程序”，是指违反仲裁法规定的仲裁程序和当事人选择的仲裁规则可能影响案件正确裁决的情形。

② 《连云港仲裁委员会仲裁规则》第24条第2项规定：接受选定或者指定的仲裁员，知悉与案件当事人或者代理人存在可能导致当事人对其公正性产生怀疑的情形，应当书面披露。

③ （2017）皖16民特59号。

④ 《律师和律师事务所违法行为处罚办法》第7条规定：有下列情形之一的，属于《律师法》第47条第3项规定的律师“在同一案件中为双方当事人担任代理人，或者代理与本人及其近亲属有利益冲突的法律事务的”违法行为：曾经担任仲裁员或者仍在担任仲裁员的律师，以代理人身份承办本人原任职或者现任职的仲裁机构办理的案件的。

⑤ （2017）苏02民特221号。

续表

案件	管辖法院	结案日期	是否撤裁	适用规则	案件核心
9. 福州中科精英创业投资有限公司申请福建十方数码技术有限公司撤销仲裁裁决案[①]	福州市中级人民法院	2018.12.19	否	《仲裁法》第 34 条	本案相关争议焦点为仲裁员与一方代理人曾为同学、师生关系，并参加其代理律所开业典礼，是否构成撤裁理由。法院认为，仲裁员与一方代理人是否存在同学、师生关系，不能直接论断仲裁员是否存在可能影响公正仲裁的“其他关系”，本案仲裁员不存在上述仲裁法、仲裁规则中规定的应当披露、回避、撤裁的法定情形。
10. 深圳前海华视移动互联有限公司申请撤销仲裁裁决案[②]	广东省深圳市中级人民法院	2019.09.03	是	《仲裁法》第 34 条、中国国际经济贸易仲裁委员会《仲裁员行为考察规定》第 7 条[③]	本案相关争议焦点为仲裁员所任职的单位与本案一方代理人存在关联及业务往来，本案仲裁员未披露此事项，是否应当撤裁。法院认为，仲裁员未披露该事项违反中国国际经济贸易仲裁委员会《仲裁员行为考察规定》第 7 条和《仲裁法》第 34 条第 3 项的规定，该裁决违反法定程序，应当撤裁。
11. 厦门三力兴工贸有限公司、许某挺申请撤销仲裁裁决案[④]	福建省厦门市中级人民法院	2020.02.28	否	《仲裁法》第 34 条	本案相关争议焦点为该首席仲裁员为本案仲裁裁决作出后的唯一监督部门厦门市中级人民法院的原副院长，虽其现已退休，但此种情形下该仲裁员是否应当履行披露义务。法院认为，法官退休后担任仲裁员这一行为并不必然构成可能影响公正仲裁的情形，驳回撤裁申请。

① （2018）闽 01 执异 79 号。

② （2018）粤 03 民特 601 号。

③ 根据 2009 年《仲裁员行为考察规定》第 7 条的规定，仲裁员在正式接受选定或指定时，应当如实填写接受指定的声明书，自行向仲裁委员会书面披露仲裁员个人或所在工作单位与案件有关联或与当事人有过的业务往来。

④ （2019）闽 02 民特 351 号。

续表

案件	管辖法院	结案日期	是否撤裁	适用规则	案件核心
12. 华电国际电力股份有限公司申请撤销仲裁裁决案①	重庆市第一中级人民法院	2020.06.19	否	《仲裁法》第58条、第60条②	本案相关争议焦点为仲裁员与代理人同是本案仲裁委员会仲裁员名册中所列仲裁员，此事项是否属于影响公正仲裁的“其他关系”。法院认为，仲裁员与机构之间属于松散聘用关系，仲裁员之间不构成同一单位工作情形
13. 河南荣冕公路工程有限公司、华盟路桥建设有限公司等申请撤销仲裁裁决案③	河南省安阳市中级人民法院	2021.10.25	否	《仲裁法》第58条、《安阳仲裁委员会仲裁规则》④	本案相关争议焦点为独任仲裁员曾任一方当事人其他案件的代理律师，且该仲裁员未披露此信息，是否应当撤销裁决。法院认为，独任仲裁员曾任一方当事人其他案件的代理律师不一定影响公正裁决，不能作为仲裁庭披露并回避的法定事由
14. 中船重工西安海澜装备技术有限公司、上海勋阳智能科技有限公司申请撤销仲裁裁决案⑤	陕西省西安市中级人民法院	2021.10.25	否	《仲裁法》第34条、第58条；《西安仲裁委员会仲裁规则》第25条⑥	本案相关争议焦点为首席仲裁员与一方当事人存在密切的业务往来，且该仲裁员未披露此信息，是否应当撤销裁决。法院认为，申请人无证据证明该种情形属于法定应当披露并回避的情形且影响公正裁决

① （2019）渝01民特61号。

② 《仲裁法》第60条规定：人民法院应当在受理撤销裁决申请之日起两个月内作出撤销裁决或者驳回申请的裁定。

③ （2021）豫05民特45号。

④ 《安阳仲裁委员会仲裁规则》规定的仲裁员披露义务是向当事人披露可能对其公正性和独立性产生合理怀疑的任何事实或情况，披露义务目的是保障当事人申请回避的权利，但申请人关于仲裁员应披露的事项并不属于回避的情形，申请人也不能证明仲裁员存在应回避的情形。

⑤ （2021）陕01民特813号。

⑥ 《西安仲裁委员会仲裁规则》第25条规定：仲裁员有《仲裁法》第34条规定的情形的，应当主动回避；当事人亦有权申请其回避。当事人申请仲裁员回避应当在首次开庭前提出，并说明具体事实和理由。回避事由在首次开庭后知道的，可以在最后一次开庭终结前提出。仲裁员是否回避，由本会主任决定。仲裁员披露有关与案件有利害关系，或者可能影响案件公正裁决的事实或情况后，当事人双方同意其继续担任本案仲裁员的，可以继续担任案件的仲裁庭成员。

续表

案件	管辖法院	结案日期	是否撤裁	适用规则	案件核心
15. 湘潭九华经济建设投资有限公司、湖南健晖实业有限公司等申请撤销仲裁裁决案[①]	湖南省湘潭市中级人民法院	2021.11.09	否	《仲裁法》第34条、《湘潭仲裁委员会仲裁规则》[②]	本案相关争议焦点为仲裁员曾任一方当事人其他案件的代理律师，且该仲裁员未披露此信息，是否应当撤销裁决。法院认为，仲裁制度的特点天然地决定了律师与仲裁员身份发生重合的可能性，仲裁员在本案当事人其他诉讼案件中担任与之诉讼地位对立的另一方代理人的情形并不属于《仲裁法》及《湘潭仲裁委员会仲裁规则》中规定的应当披露的事由
16. 易事特集团股份有限公司、小黄狗环保科技有限公司申请撤销仲裁裁决案[③]	广西壮族自治区北海市中级人民法院	2021.11.17	否	《仲裁法》第34条	本案相关争议焦点为独任仲裁员曾任一方当事人其他案件的代理律师，且该仲裁员未披露此信息，是否应当撤销裁决。法院认为，独任仲裁员曾任一方当事人其他案件的代理律师不一定影响公正裁决，不能作为仲裁庭披露或回避的法定事由

① （2021）湘03民特25号。

② 《湘潭仲裁委员会仲裁规则》第26条第1款规定：仲裁员知悉与当事人、代理人存在本规则规定的回避情形，或者对其公正性、独立性产生合理怀疑的事实或情况，应当及时向本委和当事人披露。经披露后，当事人不申请该仲裁员回避的，应当记入开庭笔录；第27条规定：仲裁员有下列情形之一的，应当自行回避，当事人也有权提出回避申请：（一）是本案当事人或者当事人、代理人的近亲属；（二）与本案有利害关系；（三）与当事人、代理人有其他关系，可能影响公证仲裁的；（四）私自会见当事人、代理人，接受当事人、代理人请客送礼的。前款第（三）项所指“其他关系”，包括但不限于下列情形：1. 对于承办的案件事先为一方当事人提供过咨询或者推荐、介绍代理人的；2. 与任何一方当事人、代理人在同一单位工作，或者曾在同一单位工作，该关系结束未满两年的；3. 现任当事人法律顾问或代理人，或者曾任当事人的法律顾问且离任未满两年的，或者曾担任当事人的代理人结案未满两年的；4. 担任过本案或与本案有关联的案件的证人、鉴定人、勘验人的。

③ （2021）桂05民特209号。

续表

案件	管辖法院	结案日期	是否撤裁	适用规则	案件核心
17. 达芬奇家居股份有限公司申请撤销仲裁裁决案[①]	北京市第四中级人民法院	2021.11.25	否	《北京仲裁委员会仲裁规则》第21条[②]	本案相关争议焦点为仲裁员与代理人为大学同学，曾共同参加某一社会活动，是否应当撤销裁决。法院认为，根据《北京仲裁委员会仲裁规则》第21条规定，仲裁员不存在法律规定或者仲裁规则中规定的需要披露的情形，故驳回申请
18. 何某乾、广州和观装饰工程有限公司申请撤销仲裁裁决案[③]	广东省广州市中级人民法院	2021.12.24	否	《中国广州仲裁委员会仲裁规则》第33条[④]	本案相关争议焦点为仲裁员与代理人为大学同学、前法院同事关系，是否应当撤销裁决。法院认为，根据《中国广州仲裁委员会仲裁规则》第33条的规定，仲裁员不存在法律规定或者仲裁规则中规定的需要披露的情形，故驳回申请
19. 淄博庆达物流有限公司、泰山财产保险股份有限公司淄博市高青支公司申请撤销仲裁裁决案[⑤]	山东省淄博市中级人民法院	2021.12.27	否	《仲裁法》第34条、《淄博仲裁委员会仲裁规则》第26条[⑥]	本案相关争议焦点为仲裁员与当事人均为保险行业从业者，是否应当撤销裁决。法院认为仲裁员不存在法律规定或者仲裁规则中规定的需要披露的情形，故驳回申请

① （2018）京04民特203号。

② 2014年《北京仲裁委员会仲裁规则》第21条第2项规定：仲裁员知悉与案件当事人或者代理人存在可能导致当事人对其独立性、公正性产生合理怀疑的情形的，应当书面披露。

③ （2021）粤01民特1503号。

④ 根据2017年《中国广州仲裁委员会仲裁规则》第33条的规定，仲裁员与本案代理人有其他关系，可能影响公正裁决的，应当回避，当事人也有权提出回避申请。“其他关系”包括：1. 为当事人事先提供过咨询的；2. 现任当事人法律顾问或者其他顾问，或者曾担任当事人法律顾问或者其他顾问，该顾问关系结束未满两年的；3. 曾担任当事人的代理人结案未满两年的；4. 现与任何一方当事人、代理人在同一单位工作，或者曾在同一单位工作，该关系结束未满两年的。

⑤ （2021）鲁03民特87号。

⑥ 《淄博仲裁委员会仲裁规则》第26条，仲裁员回避规定：（一）仲裁员有下列情形之一的，必须自行回避，当事人也有权提出回避申请：1. 是本案当事人或者当事人、代理人的近亲属；2. 与本案有利害关系；3. 与本案当事人、代理人有其他关系，可能影响公正仲裁的；4. 私自会见当事人、代理人，（转下页）

续表

案件	管辖法院	结案日期	是否撤裁	适用规则	案件核心
20. 王某与歌斐资产管理有限公司等申请撤销仲裁裁决案①	上海金融法院	2021.12.27	否	《仲裁法》第 34 条	本案相关争议焦点为仲裁委在册仲裁员，是否可在该仲裁委受理的案件中担任代理人。法院认为，申请人未能提供证据证明仲裁员与本案一方代理人之间的利益关系，“当事人的代理人系仲裁机构仲裁员”不能作为仲裁庭披露的事由
21. 仙桃东旭新能源科技有限公司与中国核工业二三建设有限公司申请撤销仲裁裁决案②	北京市第四中级人民法院	2022.01.13	否	《仲裁法》第 34 条	本案相关争议焦点为仲裁员与代理人曾多次参加同一活动，交往密切，是否应当撤销裁决。法院认为③，仲裁员不存在法律规定或者仲裁规则中规定的需要披露的情形，故驳回申请

（接上页）或者接受当事人、代理人的请客送礼的。（二）本条第 1 款第 3 项中的“其他关系”指：1. 对于承办的案件提供过咨询的；2. 现任当事人法律顾问或者其他顾问，或曾担任当事人法律顾问或者其他顾问，该顾问关系结束未满两年的；3. 曾担任当事人的案件代理人结案未满两年的；4. 与当事人或其代理人在同一单位工作，或者曾在同一单位工作且离开不满两年的；5. 在本会同时审理的案件中，互为案件的代理人和仲裁员的，后一案件被选定或指定成为仲裁员的；6. 因介绍案件谋利益的；7. 其他可能影响公正仲裁的事项。（三）当事人应当通过书面方式提出回避申请，说明理由，并提供相应证据。（四）对仲裁员的回避申请应当在首次开庭前提出。回避事由在首次开庭后知道的，可以在最后一次开庭终结前提出。（五）仲裁员是否回避，由主任决定。主任的决定是终局的。（六）当事人在获知仲裁庭组成情况后聘请的代理人与仲裁员形成本章规定的应予回避情形的，视为该当事人放弃就此申请回避的权利，但另一方当事人就此申请回避的权利不受影响。因此导致仲裁程序拖延的，造成回避情形的当事人承担由此增加的费用。

① （2021）沪 74 民特 245 号。

② （2021）京 04 民特 860 号。

③ 法院认为，《仲裁法》第 34 条第 3 项的“其他关系”主要指以下几种情况：是当事人的朋友、亲戚、同学、同事等，或者曾经与当事人有过恩怨、与当事人有其他往来等；“可能影响公正仲裁的”是“与本案当事人、代理人有其他关系”而应当回避的必要条件，即只有在可能影响公正处理案件的情况下，才适用回避。因工作、生活、学习等社会活动需要，人与人之间的交往不可避免，仲裁员在工作、生活、学习中都会与人接触、交往，上述情况的存在并不一定构成回避规则中规定的利害关系或其他影响公正仲裁的关系。

续表

案件	管辖法院	结案日期	是否撤裁	适用规则	案件核心
22. 国际商业结算有限公司与国际商业机器（中国）有限公司申请撤销仲裁裁决案[①]	北京市第四中级人民法院	2022.02.24	否	《仲裁法》第34条；《中国国际经济贸易仲裁委员会仲裁规则》第31条、第32条[②]；《中国国际经济贸易仲裁委员会仲裁员行为考察规定》第6条[③]	本案相关争议焦点为仲裁员任职的单位与代理人存在关联和业务往来，是否应当撤销裁决。法院认为仲裁员不存在法律规定或者仲裁规则中规定的需要披露的情形，故驳回申请

① （2021）京04民特990号。

② 《中国国际经济贸易仲裁委员会仲裁规则》第31条、第32条规定了仲裁员的披露和回避义务，仲裁员应当签署声明书，披露可能引起对其公正性和独立性产生合理怀疑的任何事实或情况。第31条规定：披露：（一）被选定或被指定的仲裁员应签署声明书，披露可能引起对其公正性和独立性产生合理怀疑的任何事实或情况。（二）在仲裁程序中出现应披露情形的，仲裁员应立即书面披露。（三）仲裁员的声明书及/或披露的信息应提交仲裁委员会仲裁院并转交各方当事人。第32条规定：仲裁员的回避：（一）当事人收到仲裁员的声明书及/或书面披露后，如果以披露的事实或情况为理由要求该仲裁员回避，则应于收到仲裁员的书面披露后10天内书面提出。逾期没有申请回避的，不得以仲裁员曾经披露的事项为由申请该仲裁员回避。（二）当事人对被选定或被指定的仲裁员的公正性和独立性产生具有正当理由的怀疑时，可以书面提出要求该仲裁员回避的请求，但应说明提出回避请求所依据的具体事实和理由，并举证。（三）对仲裁员的回避请求应在收到组庭通知后15天内以书面形式提出；在此之后得知要求回避事由的，可以在得知回避事由后15天内提出，但应不晚于最后一次开庭终结。（四）当事人的回避请求应当立即转交另一方当事人、被请求回避的仲裁员及仲裁庭其他成员。（五）如果一方当事人请求仲裁员回避，另一方当事人同意回避请求，或被请求回避的仲裁员主动提出不再担任该仲裁案件的仲裁员，则该仲裁员不再担任仲裁员审理本案。上述情形并不表示当事人提出回避的理由成立。（六）除上述第（五）款规定的情形外，仲裁员是否回避，由仲裁委员会主任作出终局决定并可以不说明理由。（七）在仲裁委员会主任就仲裁员是否回避作出决定前，被请求回避的仲裁员应继续履行职责。

③ 《仲裁员行为考察规定（修订）》第6条规定：仲裁员接受选定或指定时，应当如实填写接受选定或指定的声明书。存在下列可能导致当事人对仲裁员的独立性、公正性产生合理怀疑的情形之一的，仲裁员应当及时向本委员会书面披露：1. 仲裁员、所在工作单位与案件有关联，或者与当事人、代理人及其关联单位两年内有业务往来的；2. 当前或两年内，与同案仲裁员在同一个单位工作的；3. 仲裁员与当事人、当事人的主要管理人员或代理人在同一社会组织担任专职工作，有经常性工作接触的；4. 当前或两年内，仲裁员在与案件有关联的机构担任职务的；5. 仲裁员或其近亲属与当事人或代理人有较为密切私人关系的；6. 仲裁员两年内曾经接受同一当事人、代理人或律师事务所选定担任仲裁员超过三次（不含三次）的，关联案件或同类型案件除外；7. 其他可能导致当事人对仲裁员的独立性、公正性产生合理怀疑的情形。案件仲裁过程中，仲裁员知悉应予披露情形的，应当立即披露。本委员会根据披露情况，研究决定仲裁员是否回避。

（二）从司法审查实践样本看《仲裁法》披露义务制度现状

1.《仲裁法》中仲裁员法定披露义务的规则缺位

除了《仲裁法》第 34 条规定之外，法院的裁判依据大多集中在《仲裁法》第 58 条关于撤销仲裁裁决的理由上。但“仲裁庭的组成或者仲裁的程序违反法定程序”这一被多次引用的理由较为抽象，既不能为当事方就仲裁员履行披露义务、公正独立地仲裁提供实质上的法律保障，又给司法审查带来了认定上的困扰，使得维护仲裁员独立性与公正性的法律标准与实质标准相分离。

同时，有些法院的裁判依据仅为仲裁机构的仲裁规则，诚然，仲裁机构享有设置自己的仲裁规则的权利，也是尊重当事人选择仲裁机构意思自治的表现，但是，就设置仲裁员披露义务而言，大多数国家已在国内法中要求仲裁员进行披露[①]。例如，《瑞士仲裁法》规定，仲裁员有强制性义务对任何可能引起对其自身的公正性、独立性的合理怀疑的事项进行披露[②]；《美国科罗拉多统一仲裁法》规定，在最终组成仲裁庭前，仲裁员应当向双方当事人披露“客观、公正、独立的第三人认为存在影响仲裁员公正性、独立性的任何事实”[③]；再者，国际上知名仲裁机构的仲裁规则也大多对仲裁员披露义务作出了原则性规定。[④]综上所述，在国际上，大多数国家的仲裁法以及有国际影响力的仲裁规则均已将仲裁员对可能影响其公正性、独立性的事项的披露视为一项法定义务[⑤]，设置仲裁员披露义务的广度与高度已上升至法律层面。此外，就淄博庆达物流有限公司、泰山财产保险股份有限公司淄博市高青支公司申请撤销仲裁裁决案而言，法院撤销裁决主要依据之一便为《淄博仲裁委员会仲裁规则》第 26 条规定，该仲裁规则对于“其他关系”细化为“现任当事人法律

---

① Gary B. Born, International Arbitration Law and Practice, Wolters Kluwer; 3rd edition (June 7, 2021).

② G.R. Delaume, New Swiss Arbitration Statute Emphasizes Party Autonomy and Restricts Judicial Review, in The New Swiss Law on International Arbitration, Swiss Arbitration Association, Basle, 1990.

③ Ressel Murray, Arbitrator and Mediator Disclosure Obligations in Colorado, The Colorado Lawyer/ September 2005/vol.34. No.9/53.

④《联合国贸易法委员会仲裁规则》第 12 条、《国际商会仲裁规则》第 7 条、《伦敦国际仲裁院仲裁规则》第 10 条、《德国仲裁协会仲裁规则》第 16 条、《斯德哥尔摩商会仲裁院仲裁规则》第 14 条、《美国仲裁协会仲裁规则》第 7 条。

⑤ Amina Rustamova, Neutrality of arbitrators, Central European University, April 10, 2009.

顾问或者其他顾问，或曾担任当事人法律顾问或者其他顾问，该顾问关系结束未满两年的；……与当事人或其代理人在同一单位工作，或者曾在同一单位工作且离开不满两年的”，这为本案裁决提供了重要的量化依据，但纵观全国，并不是每一家仲裁机构都设置了翔实而合理的细则，加之《仲裁法》中法定披露义务的模糊，这会在很大程度上影响我国对于仲裁员独立性与公正性的维护。

2.“同案不同判”现象普遍

通过对案例样本的统计，针对仲裁员的披露义务这一问题，类案中“同案不同判”现象较为严重。通过对案例样本的总结，有关仲裁员披露义务的争议案件大致可以分为如下几类：

（1）仲裁员与一方代理人同是本案仲裁机构仲裁员名册中所列仲裁员

对于此类申请事由，安徽省亳州市中级人民法院、山东省枣庄市中级人民法院均采取消极态度，认为这一情形应当由仲裁员主动披露，并进行回避，法院以违反仲裁程序的法定事由撤销仲裁裁决；然而，浙江省杭州市中级人民法院、上海金融法院、重庆市第一中级人民法院则秉持更开放的立场，认为仲裁员与机构之间属于松散聘用关系，仲裁员之间不构成同一单位工作的情形，即使仲裁员与一方代理人同是本案仲裁委仲裁员名册中所列仲裁员，也无须披露、回避，不属于撤裁的法定事由。

（2）仲裁员曾任一方当事人其他案件的代理律师

湖南省湘潭市中级人民法院、河南省安阳市中级人民法院、广西壮族自治区北海市中级人民法院均认为无须披露，驳回了申请人撤销裁决的申请。然而，与国内司法实践不同的是，在法国 Allaire v. S.A.S. SGS 案中，该仲裁员承认他曾作为某律所律师为 S.A.S. SGS 提供法律咨询服务，但补充说明自仲裁开始以来他便没有再为该律所工作，不过，该仲裁员拒绝说明他从咨询工作中获得了多少报酬。巴黎上诉法院认为该仲裁员与 S.A.S. SGS 之间的联系并非偶然的，也并不是发生在遥远的过去，这一事实能够引起“正当怀疑”，因此，仲裁员未披露这一事实导致了撤裁。①

① Allaire v.S.A.S.SGS，Holding France，Paris Court of Appeals（Sept.9，2010），转引自 Dominique Hascher，Independence and Impartiality of Arbitrators：3 Issues，American University International Law Review，vol.27，no.4（2012），p.799.

（3）仲裁员所任职的单位与本案一方代理人存在关联及业务往来

对于此类申请事由，广东省深圳市中级人民法院认为未披露这一行为违反了仲裁规则与《仲裁法》，裁定撤销裁决；而陕西省西安市中级人民法院认为，申请人无证据证明该种情形属于法定应当披露并申请回避的情形，并不必然影响公正裁决，故驳回申请。

（4）仲裁员与一方代理人均在同一律协担任职务

山东省枣庄市中级人民法院认为同属同一律协和仲裁委，构成《仲裁法》第34条中的“其他关系”，独任仲裁员明知该等关系的存在却并未披露并回避，这违反了法定程序；而江苏省宿迁市中级人民法院认为，虽然二者同为宿迁市律师协会及宿迁市政府法律顾问团成员，但也彼此独立，首席仲裁员在仲裁时也是作为一名独立的、中立的仲裁员来进行裁决，并不因其兼有其他身份而对仲裁纠纷的公正裁决有所影响。

（5）仲裁员与一方代理人为师生关系、（前）同事关系，或共同参加了某社会活动

福州市中级人民法院、广东省广州市中级人民法院认为师生或同事关系，不构成撤销裁决的理由。北京市第四中级人民法院在裁决“仲裁员与一方当事人的代理律师共同参加了某社会活动”一案时认为：“《仲裁法》第三十四条第三项的‘其他关系’一般可以分为以下若干情况：是当事人的亲友、同学、同事等，或者曾经与当事人有过纠纷、恩怨等；‘可能影响公正仲裁的’是‘与本案仲裁员与当事人、代理人有其他关系’而应当回避的必要条件，换言之，只有当存在着影响仲裁员公正、独立地裁决案件的可能时，才适用回避，因社会活动需要，人与人之间的交往不可避免，仲裁员在此类活动中都会与人接触、交往，上述情况的存在并不一定构成回避规则中规定的利害关系或其他影响公正仲裁的关系。”由此可推断出，北京市第四中级人民法院认为二者共同参加了某社会活动这一情形不属于披露事由，而认为“一定条件下的师生、朋友、同事关系”有可能属于“其他关系”，然而，北京市第四中级人民法院在后续关于“二者为同学关系、存在关联或业务往来密切”的撤裁案件中，却又推翻了这一说法，认为“同事、朋友”也无须披露，不构成撤裁事由。另外，在实务中，也有观点认为师生关系应当分类讨论，若是类似于硕导、博导与研究生之间的紧密的师生关系，则无论是学生还是老师作为仲裁员均

应当承担披露义务。[①]

综上所述，关于仲裁员的披露义务，类案中“同案不同判”的现象仍然存在，类似的案情在全国各地法院的裁判结果并不一致。此外，值得注意的是，当裁判结果一致时，法院选择的法律适用依据也存在差异。因此，接下来本文试图回答：在类案裁决中，全国各地法院裁判的依据是否一致，其法律适用大多依据《仲裁法》及其司法解释、仲裁机构的仲裁规则，或是司法部的部门规章。

3.《仲裁法》第34条“其他关系”扩大化适用

通过观察样本统计表的第五列“规则适用”，可以直观地看到全国各地法院裁判依据并不一致。在上述22个典型案例中，有13个裁决的法律依据为《仲裁法》第34条中涉及的“其他关系”，这一条款的“口袋化”趋势随着层出不穷的现实境况变得越发明显。在法律层面，“其他关系”规定得较为笼统，《仲裁法》相关司法解释也并未就此进行实施细则方面的说明。实践中有的仲裁机构，如湘潭仲裁委员会和淄博仲裁委员会，在其《仲裁规则》中对“其他关系”进行了细化，如《淄博仲裁委员会仲裁规则》第26条规定“其他关系”应细化为“现任当事人法律顾问或者其他顾问，或曾担任当事人法律顾问或者其他顾问，该顾问关系结束未满两年的；……与当事人或其代理人在同一单位工作，或者曾在同一单位工作且离开不满两年的”，其中“两年”的时间依据为“其他关系”的界定提供了客观标准。有的仲裁机构，如北京仲裁委员会、中国国际经济贸易仲裁委员会，则在有关仲裁员行为的规范性文件中作出了解释。

然而，若仲裁机构既未在相关仲裁规则中对“其他关系”作出说明，同时《仲裁法》及其司法解释在此方面又存在缺位。那么，法院在此类撤销仲裁裁决类的案件中会行使较大的自由裁量权，导致司法实践缺乏统一标准，针对涉案关系是否属于“其他关系”的裁判可预测性和稳定性较低，影响司法公信力；另外，由于未明确应当披露的事项范围，仲裁员即使知道自己与仲裁案件存在某种关系，但也无法确定其是否应当披露，对仲裁员群体在商事仲裁制度中发挥更大价值造成了一定的阻碍。

---

① 周海洋：《完善商事仲裁中仲裁员披露制度的问题探讨》，载德恒律师事务所网站，http://www.dhl.com.cn/CN/tansuocontent/0008/023618/7.aspx，最后访问日期：2022年4月15日。

另外，“其他关系”的不明朗也为司法审查的定性带来了颇多争议。例如，在江苏富润电子工程有限公司申请无锡市新吴区人民政府新安街道办事处撤销仲裁裁决案中，法院认为，申请人主张仲裁员应当披露仲裁员的工作单位并认为仲裁员与新安街道存在利害关系，于法无据。在实务中，有观点却认为因仲裁员为新吴区政法委书记、区综治办主任，当事人一方为新吴区人民政府新安街道办事处，二者存在职务上的关系，可认定为双方存在可能影响公正裁决的其他关系，符合法定回避情形，即使当事人没有提出回避申请，在此情况下，其也应自行披露并回避，仲裁机构在明知存在这一关系的情况下，既不向当事人披露，又未采取其他措施，仲裁庭组成及仲裁程序违法，应当撤销仲裁裁决。[①]

三、《仲裁法（征求意见稿）》中的披露义务之制度分析

仲裁员披露义务制度的建设，可以更好地保障我国仲裁裁决的公正性，也能在很大程度上增强当事人对我国仲裁活动的信任感。现行《仲裁法》最新修订于2017年，其中对仲裁员披露义务的描述存在缺位，直至2021年7月《仲裁法（征求意见稿）》发布，其第52条方初步规定了披露义务。[②] 此次征求意见稿的修订，将仲裁员的披露义务法定化，同时在仲裁员披露义务的标准上，确定了“当事人对其独立性、公正性产生合理怀疑”这一主观标准。这是仲裁员披露制度前进的一大步，也预示着未来《仲裁法》完善的方向。

（一）《仲裁法（征求意见稿）》下披露义务的法定化

就法定化披露义务而言，本文认为，首先，《仲裁法（征求意见稿）》解决了法定披露义务缺位的问题。在仲裁程序中，由于仲裁自身具有的“一裁终局”的特点，仲裁员的独立性与公正性至关紧要，因此，当披露制度作为仲裁员需要履行的一种法定义务时，当事人便不能通过协议予以排除，这在

---

① 无锡中院案例：政法委书记担任仲裁员，街道为一方当事人，裁决应否撤销，https://news.qcc.com/postnews/c5afe68361a740b00b8ac03dc9ecdb47.html，最后访问日期：2022年4月16日。

② 《仲裁法（征求意见稿）》第52条规定：仲裁庭组成后，仲裁员应当签署保证独立、公正仲裁的声明书，仲裁机构应当将仲裁庭的组成情况及声明书送达当事人。仲裁员知悉存在可能导致当事人对其独立性、公正性产生合理怀疑的情形的，应当书面披露。当事人收到仲裁员的披露后，如果以披露的事项为由申请该仲裁员回避，应当在十日内书面提出。逾期没有申请回避的，不得以仲裁员曾经披露的事项为由申请该仲裁员回避。

一定程度上可以更全面地保障仲裁员的独立性与公正性；其次，将仲裁员披露义务法定化也为司法审查实践所适用的法律规则提供了较为统一的援引依据，一定程度上弥合法律适用的分歧，降低“同案不同判”的可能性。另外，虽然《仲裁法》第34条在保证仲裁员独立性与公正性上有积极意义，但是回避制度始终不能代替仲裁员披露制度，披露制度和回避制度是一体两面的关系，前者的逻辑起点是仲裁员主动地披露，后者则是仲裁员被动地承受当事方提出异议的后果，两个制度无法互相代替。因此，国际影响力较强的仲裁机构的仲裁规则一般都对这两个制度进行了规定。①此次《仲裁法（征求意见稿）》的出台法定化了仲裁员的披露义务，形成了披露制度和回避制度的闭环，填补了立法层面的欠缺，对于国内仲裁和涉外仲裁而言均会产生积极的推动作用。

（二）《仲裁法（征求意见稿）》下的披露义务标准之辩

在仲裁员披露义务法定化的问题解决后，接下来面临的问题便是如何确定仲裁员披露义务的具体标准。“判断是否应当披露、披露的范围如何，是棘手而困难的，更是需要审慎待之的事情”②，即使在国际商事仲裁制度发展得较为成熟的国家，也无法简单地回答如何界定仲裁员披露义务标准。目前，国际通行的披露标准有主观标准③和客观标准④两种，我国在决定采纳主观披露标准还是客观披露标准时，应结合我国仲裁实践进行选择。

1. 主观标准、客观标准以及主客观结合标准的适用依据

国际上大多数国家的仲裁法以及国际主流的仲裁规则采用的一般都是联合国贸易法委员会（以下简称UNCITRAL）发布的《国际商事仲裁示范法》和《仲裁规则》所确立的客观披露标准，⑤即存在任何可能对仲裁员的公

① 《国际商会仲裁规则》第7条、第11条，《新加坡国际仲裁中心仲裁规则》第11条、第12条，《伦敦国际仲裁院仲裁规则》第5条、第10条。

② Yves Derains and Eric A. Schwartz, A Guide To The ICC Rules of Arbitration, Kluwer Law International 2005 (Second Edition) .

③ 例如，IBA Guidelines on Conflicts of Interest in International Arbitration, 2014, Explanation to General Standard 3, p.16.

④ 例如，《联合国贸易法委员会仲裁规则》（2013年版）第13条。

⑤ 《世界知识产权组织仲裁规则》第22条、《美国仲裁协会仲裁规则》第7条、《斯德哥尔摩商会仲裁院仲裁规则》第14条、《伦敦国际仲裁院仲裁规则》第10条。

正性或独立性“产生正当怀疑的情况”（any circumstances likely to give rise to justifiable doubts）时，方可要求该仲裁员披露。[①]其特点在于存在“正当怀疑的情况”这一条件，即这一情况应当在一个客观第三方看来也同样存在，是以构成客观标准。2020年英国最高法院在Halliburton Company v. Chubb Bermuda Insurance Ltd案中，也通过判例的形式明确了仲裁员在接受关联案件指定时应履行的披露义务，即对“那些可能会引起客观的观察者对仲裁员的公正性产生合理怀疑的相关事实（might reasonably cause the objective observer to conclude that there is a real possibility of bias）”[②]进行披露，而无须对案件当事人提出的不正当的、没有证据的怀疑事由进行披露和说明。[③]客观标准应从公正的、客观的第三方角度出发，故而相对稳定和明确，尤其是在有关披露的争议焦点被提交到仲裁机构或法院进行裁定时，裁判者比较容易把握。

国际律师协会《国际商事仲裁利益冲突指引》(《IBA冲突指引》) 2014年版本采用的则是主观披露标准，其规定仲裁员应当披露“在当事人看来（in the eyes of the parties）会对仲裁员的独立性产生怀疑的事实或情况”[④]，即只要任何事项在“当事方看来”可能对仲裁员的独立性和公正性产生影响，则仲裁员均有义务进行披露。主观披露标准基于“当事人有权利充分了解他们认为可能相关的任何事实或情况”[⑤]这一原则而设立，其特点在于充分满足当事方的心理期待，通过对当事人所关心的事项进行充分披露以更好地获得当事人的信任。但主观披露标准同样也意味着无论对仲裁员独立性和公正性的怀疑是否在“正当”范围内，仲裁员都应披露。本次《仲裁法（征求意见稿）》在仲裁员披露义务的标准上，也同样选择了“当事人对其独立性、公正性产生合理怀疑”这一主观标准。

同样，也有仲裁规则针对披露标准采用了主客观相结合的方式。《国际商

① 《联合国贸易法委员会仲裁示范法》第12条;《联合国贸易法委员会仲裁规则》第11条、第12条。

② Halliburton Company v Chubb Bermuda Insurance Ltd UKSC 2018/0100 “might reasonably cause the objective observer to conclude that there is a real possibility of bias”.

③ Alan Redfern & Martin Hunter. Law and Practice of International Commercial Arbitration. UK: Sweet and Maxwell, 2004（10）: 204.

④ IBA Guidelines on Conflicts of Interest in International Arbitration, 2014, General Standard 3（a）, p.6.

⑤ IBA Guidelines on Conflicts of Interest in International Arbitration, 2014, Explanation to General Standard 3（a）, p.7.

会仲裁规则》（2021）规定："仲裁员应向仲裁机构书面披露在当事人看来可能影响仲裁员独立性的任何事实或情形，以及任何可能导致对仲裁员中立性产生合理怀疑的情形"，即对"独立性"（independence）的披露采取的是"是否引起特定案件所涉当事人怀疑（in the eyes of the parties）"的主观标准，对"公正性"（impartiality）的披露采取的是"正当怀疑（any circumstances that could give rise to reasonable doubts）"的客观标准。该规则将披露标准进行区分的前提是将仲裁员的义务进行了精细化的区分，当我们谈论"独立性和公正性"这一义务时，我们更多是将其看为一个整体，然而这两个词汇的侧重点存在的本质不同，独立性是针对当事人而言不存在偏袒一方的情况，公正性是针对仲裁员而言不存在"枉法裁判"的情况。

2.《仲裁法（征求意见稿）》主客观标准应用之对比分析

在法律层面，就主客观标准对比而言，本文认为，主观标准弊大于利。首先，虽然主观标准可以在一定程度上满足当事人对于仲裁员独立性和公正性的心理预期，但由于不同案件的当事人其心态千差万别，操作起来很大程度上要依靠个案考察，一方面，这会使得披露的内容更加个性化、更加捉摸不定，仲裁员、当事人和仲裁机构无所适从，另一方面，仲裁相较于诉讼作为另一种争议解决方式其本身所具有的快捷、高效的特点也会因此而受到折损，这些都不利于仲裁实践的稳步发展。其次，主观标准会鼓励"非正当理由的仲裁员异议以及不必要的披露"[①]，完全有可能为利益受损方当事人恶意撤裁、滥诉、拖延仲裁程序提供机会，使之乘虚而入。再者，考虑到社会联系日益复杂、交往活动不断扩张，仲裁员不可避免地会直接地或间接地与他人产生交集，若要求仲裁员披露的事项是该仲裁员自身都很难未意识到的、万千事项中的一小件，即使这一事项存在与当事人身份、利益发生潜在冲突的情况，对于仲裁员来说也是较为强人所难的，甚至，过度的披露反倒会引发多余的、不必要的猜忌与误会，降低当事人对仲裁员和仲裁程序的信任。

故此，本文也并不鼓励生硬照搬《国际商会仲裁规则》最新版本所采取的主客观相结合的方法。主观标准的弊端并不会因其对独立性、公正性以及披露义务进行区分而消失，相反，由于仲裁员披露制度居于维持仲裁员公正性与独立性的核心地位，与仲裁员选任制度、回避制度相互联系和影响，因

① Kreindler, supra, Ch. 3, note 13, p.65.

而对仲裁员的独立性和公正性义务进行严格区分往往会在实践中遇到阻碍。同时，本文认为，改善客观标准之于满足当事人内心期待的不足也有路可通，如可以在披露义务的程序和具体内容上给仲裁规则与仲裁协议留下细化空间。在法律层面采纳客观标准，同时允许当事人对披露标准进行更为严格的约定，方能更好地回归仲裁的初心，发挥仲裁高效快捷同时充分尊重当事人意思自治的特点。

综上所述，本文认为，在法律层面界定仲裁员披露义务应当采用客观标准。实践中，如果当事人对仲裁员的独立性和公正性产生质疑，一些仲裁员会直接选择退出仲裁程序，也有一些仲裁员，对于当事人提出的回避事由选择直接予以回应。虽然当事人意思自治原则构成了仲裁的基石，但对其边界仍应予以明确，以防止仲裁程序因为无休止地披露而陷入迟缓和昂贵的泥沼。此时明确相关披露标准就显得尤为重要，同时应当加强仲裁员的准入标准，在仲裁机构的干预和监督之下，将披露对仲裁程序的影响降到最低。

四、结语

我国自古以来就崇尚人情、重视关系，人们交往活动的总和可以形成一个巨大的关系网，每个人都生活在这个无形的网络中，关于法律、道德方面的应用很大程度上受到社会关系及其扩展的程度的影响。[①] 作为社会中的人，仲裁员的行为规范也要随着我国法治水平的不断提高而逐渐完善。由于仲裁在我国起步较晚，仲裁员的专业素质和自律性也存在差异，因此，完善我国仲裁员披露义务制度以对仲裁员的行为进行约束，是保障我国商事仲裁裁决质量的重要一环。[②]

为了明确仲裁员独立性与公正性的基础、完善披露义务制度，我国应在《仲裁法》修改之际将披露义务法定化，并采纳更符合我国仲裁实践的客观标准，以保证仲裁员在适当的范围内履行披露义务，同时避免目前针对仲裁的司法监督中出现的诸多问题。关于如何落实《仲裁法》所规定的披露义务，即披露所涉及的具体内容，我国已有部分仲裁机构进行了细化规定，如北京仲裁委员会在《仲裁员守则》第 5 条规定了 11 种仲裁员有义务书面披露可能

① 费孝通:《乡土中国》，上海人民出版社 2006 年版，第 22—23 页。

② 潘绮甜:《论法官回避制度的完善》，载《韶关学院学报》2011 年第 9 期。

引起当事人对其公正性或独立性产生合理怀疑的事由；中国国际经济贸易仲裁委员会《仲裁员行为考察规定》第7条便列举了8种披露事项以及其他可能导致当事人对仲裁员存在身份与利益冲突产生合理怀疑的情形。同时，2021年3月上海仲裁协会理事会审议通过《仲裁员聘任与行为准则指引》(《以下简称指引》)，这是上海仲裁协会首次发布行业规范性指引。[①] 其中，《指引》第四部分“仲裁员行为准则”中列举了仲裁员存在可能引起当事人对其公正性或独立性产生合理怀疑的情形。[②]

展望未来，就仲裁员披露制度而言，我国的法治建设仍然任重而道远。首席仲裁员和独任仲裁员等具有特殊地位的仲裁员所负担的披露义务差异、履行披露义务的程序、互联网背景下数字化披露的方式等仲裁员披露制度相关待解决问题，也都提供了法学界在相关问题上进行学术对话、更新理论研究、完善改革路径的可能。

---

① 上海仲裁协会发布国内首个仲裁行业规则指引，澎湃新闻，https://m.thepaper.cn/baijiahao_11956978，最后访问日期：2022年4月20日。

② 《仲裁员聘任与行为准则指引》第四部分“仲裁员行为准则”：仲裁员存在可能引起当事人对其公正性或独立性产生合理怀疑的情形，应当予以书面披露，但该等披露不必然构成仲裁员应予回避的事由。包括但不限于：（1）与同案仲裁员同在一个单位工作的；（2）仲裁员与当事人、当事人的主要管理人员或仲裁代理人在同一社会组织担任专职工作，且有经常性工作接触的；（3）仲裁员的近亲属在当事人单位工作或者在当事人的仲裁代理人单位工作的；（4）仲裁员在与案件有关联的机构担任职务的；（5）仲裁员或其近亲属对当事人存在可能的追索权的；（6）其他可能引起当事人对仲裁员的公正性和独立性产生合理怀疑的情形。在仲裁过程中，如果发生可能引起此类怀疑的新情况，在仲裁机构作出决定前，仲裁员应继续履行披露义务。

ISDS 仲裁机制下安全例外条款管辖问题研究

——以仲裁庭管辖权能扩张为背景

李雪娇*

● **摘　要**

ISDS 仲裁机制下安全例外条款的管辖呈现在矛盾之中。仲裁庭在内部驱动及外部条件加持下通过对 IIA 相应条款的解释扩张管辖边界，极易将安全例外纳入其中，而本身又尽量避免与之正面交锋，外界也有质疑的声音，如此状态下，为明确 ISDS 机制下安全例外条款的管辖问题，缔约方可以选择在 IIA 中明确表达态度，仲裁庭也应当在裁决中给出更充分的解释和更有信服力的说明。

● **关键词**

ISDS 仲裁机制　安全例外条款　管辖权　权能扩张

Abstract: The jurisdiction of security exceptions clause under ISDS arbitration mechanism is in contradiction. The arbitral tribunal, driven internally and supported by external conditions, expands the jurisdictional boundaries by interpreting the corresponding provisions of IIA. It is easy to include security exceptions. The arbitral tribunal has

* 李雪娇，吉林大学法学院法学博士研究生。

tried to avoid confronting it directly. There are skeptics, too. In this state, in order to clarify the jurisdiction of security exceptions clause under ISDS mechanism, Parties may choose to express their views explicitly in the IIA, The arbitral tribunal should also give fuller and more convincing explanations in its award.

Key Words: ISDS arbitration mechanism, security exception clause, jurisdiction, expansion of power

一、问题的提出

近年来 ISDS（投资者—东道国争端解决）案件数量剧增，投资仲裁机构的管辖权边界呈现出延展态势，安全例外条款的管辖问题也在这种延展态势下被卷入其中。根据《2022 年世界投资报告》，目前 ISDS 案件数量已达 1190 起，仲裁庭至少已生成 54 项实质性裁决，有 31 项在公共领域，11 项涉及管辖权问题，① 其中不乏关于安全例外的管辖争议，如 Devas v.India 案 ②。仲裁实践中，仲裁庭有自我扩张管辖权的偏好，③ 这种偏好的达成受益于“自裁管辖原则”，基于此项原则，对于投资者与东道国的管辖争议，一般由仲裁庭作出最终决断。仲裁庭通过对国际投资协定（IIA）相应条款的扩大解释来延展管辖权的边界，而仲裁庭行使管辖权之后所作出的仲裁裁决却不一定有利于投资者与东道国之间利益的平衡。由于 IIA 促进和保护投资的一贯宗旨，大多数的裁决结果都偏向于投资者利益，如此一来，东道国的公共政策空间则被限缩，尤其在涉及国家安全利益之时，更使得东道国对仲裁庭的管辖权能扩张产生抵触情绪。国家安全关涉主权核心利益，其重要意义不言而喻。面对投资仲裁裁决偏向投资者的失衡现状，部分缔约方已采取一定应对措施，如

① See UNCTAD. “World Investment Report 2022: INTERNATIONAL TAX REFORMS AND SUSTAINABLE INVESTMENT,”（United Nations, 2012）p.16.

② Devas v.India 案中印度政府认为由于案件涉及“基本安全利益”，仲裁庭缺乏管辖权，而 Devas 公司持反对意见。See *CC/Devas（Mauritius）Ltd., Devas Employees Mauritius Private Limited and Telecom Devas Mauritius Limited v. India*, PCA Case No. 2013-09, Award on Jurisdiction and Merits, July 25, 2016, para.169（c）.

③ 徐树：《国际投资仲裁庭管辖权扩张的路径、成因及应对》，载《清华法学》2017 年第 3 期，第 186 页。

委内瑞拉、玻利维亚、厄瓜多尔（2009 年退出，2021 年重新加入）选择退出《ICSID 公约》(《华盛顿公约》或《解决国家与他国国民间投资争端公约》)，国际投资领域对 ISDS 仲裁机制的挑战已现端倪。

对于投资仲裁机构管辖权能的扩张界限一直存有争议，尤其在扩张态势也将安全例外条款纳入管辖范围的情况下。关于管辖的争议因缘于当事方身份地位的不同。一般而言，对于管辖权能的扩张及扩张态势下有关安全例外条款的争议由仲裁庭行使管辖权的主张，投资者及仲裁庭本身自然是支持的，缔约方以投资者母国身份出现时大概率也持有相同意见，但当缔约方以东道国身份出现时则一般会主张仲裁庭无权对国家安全例外条款行使管辖权。然而缔约方的身份并非一成不变，大多数都在东道国与投资者母国之间转换，所以对于仲裁庭的管辖边界不可一味偏狭，亦不可一味延展，而应当维持一定的标准。那么应当如何考量权能扩张态势下仲裁庭对安全例外条款的管辖权呢？缔约方又将如何应对仲裁庭对安全例外的扩张管辖以保障国家安全利益？对于仲裁庭，是否可以采取改进措施以对 ISDS 机制的挑战作出正面回应？以下即从 ISDS 机制下仲裁庭管辖权的边界扩张说起。

二、ISDS 机制下安全例外条款与仲裁庭管辖边界扩张

管辖权问题是国际投资仲裁程序必须解决的首要问题，倘若仲裁庭没有管辖权或越权，即使作出了仲裁裁决，也可能被撤销或者被拒绝执行。仲裁庭管辖权的权利基础来源于缔约方的授权与合意，由于 IIA 的表述内容及细节并不完全相同，所以理论上在不同的投资争端中仲裁庭对安全例外条款是否有管辖权未必具有一致性。剖析权能扩张态势下仲裁庭对安全例外条款的管辖问题，需要先行了解管辖权边界扩张的方式以及安全例外条款本身的特别之处。

（一）仲裁庭管辖权边界扩张的方式

IIA 的约定是确定仲裁庭管辖权的依据，然而 IIA 的缔结是主权国家权利让渡的结果，很多情况下条款的约定都具有一定的模糊性，如此便给条约的解释预留了空间，所以仲裁庭一般是通过对条约的解释扩大管辖权的边界。具体而言，仲裁庭管辖权边界扩张的方式主要包括对属人、属事、属时管辖权的扩大解释以及对仲裁前置程序的限制解释，前者分别意指对投资者、投资（或投资争端）、溯及力的扩大解释，后者主要是指对磋商、寻求当地救济

等系非必经前置程序的解释。仲裁庭对安全例外的管辖权可以归类至属事管辖权范围内，即关于安全例外的争议是否系属投资争端。

安全例外条款的援引源自东道国对投资者仲裁申请的抗辩，投资者认为东道国对其或其投资采取的措施违背了条约义务，进而诉诸仲裁，引起东道国以安全例外抗辩。由此推论出，安全例外争议系属由投资引发的争端，安全例外当在ISDS机制下仲裁庭管辖范围内。但安全例外毕竟与其他不同，其关涉国家安全利益，一定程度上已经上升至国家主权层面，投资仲裁机构是否有权管辖尚处在争议之中。理论上，安全例外条款管辖问题可归类于仲裁庭属事管辖范围，但基于安全利益的特殊重要性，安全例外又不可简单归类而被扩大解释，以避免仲裁庭超越职权范围染指主权国家安全利益。所以ISDS仲裁机制下安全例外条款的管辖呈现在矛盾之中。

（二）安全例外条款自裁决性质对管辖权能扩张的限制

自裁决性质，亦称自我判断之性质，是指采取何种措施取决于自身的判断，以含有“it considers”措辞结构作为重要判断依据，安全例外条款的自裁决性质是指东道国基于安全利益的考量自行决定其应当采取的措施。目前越来越多的安全例外条款被设置为自裁决属性。比如，《中国—加拿大双边投资协定》（中国—加拿大BIT）第33条第5款①。又如，巴西—印度BIT第24条②，对于安全例外条款的自裁决性质是否能够对投资仲裁机构的管辖权构成限制，或者是否能够阻断仲裁机构管辖权的扩张尚未形成一致意见，尤其在国际投资领域，东道国以国家安全例外抗辩且已决的投资仲裁案例中，没有一例安全例外条款被认定为具有自裁决性质，所以投资仲裁实践对于这一问题的解决并没有引导性。而国际贸易领域已有关于自裁决式国家安全例外条款的先决案例（DS512，俄乌禁运措施案），基于贸易领域与投资领域国家安全例外

---

① 中国—加拿大BIT第33条第5款规定：“本协定中任何规定均不得被理解为：（一）要求缔约方提供或允许获得其认定披露后将违背其根本安全利益的信息；（二）阻止缔约方采取其认为保护其根本安全利益所必要的任何如下措施：1.此类措施与武器、弹药和战争工具的贸易有关，并与直接或间接为军事或其他安全设施之目的而进行的其他货物、材料、服务和技术的贸易和交易有关，2.在战时或其他国际关系紧急情况时采取的措施，或3.此类措施与执行关于不扩散核武器或其他核爆炸装置的国家政策或国际协定有关；或（三）阻止缔约方根据联合国宪章为履行维护国际和平与安全义务而采取行动。”

② 巴西—印度BIT第24条规定：“Nothing in this Treaty shall be construed: a) to require a Party to furnish any information, the disclosure of which it considers contrary to its essential security interests; ...”

条款的同源性，一定程度上，DS512 的裁决结果以及专家组对自裁决式国家安全例外条款是否限制管辖权的看法可以被投资仲裁机构借鉴。[①]

DS512 被认为是“WTO（世界贸易组织）正面回应援引安全例外条款第一案”，且其中安全例外条款被认定为具有自裁决属性，此前，专家组多次避免与安全例外条款的正面交锋。[②]DS512 案中，专家组正面表示 DSB（WTO 争端解决机构）对安全例外有管辖权，《关税及贸易总协定》（GATT）第 21 条具有自裁决属性，但并非完全的“自裁决”，仍需要专家组对俄罗斯采取的措施进行客观审查和判断。也就是专家组认为自裁决式国家安全例外条款并不排斥 DSB 的管辖。在国际投资领域，有学者对阿根廷一系列仲裁案件进行分析时，也有相同的表述。韩秀丽即认为自裁决条款并不能剥夺仲裁庭的管辖权，而只能影响仲裁庭对国家措施适用的评审标准。[③]Schill 也有相同的观点。[④] 但其实对于 DS512 关于自裁决式国家安全例外条款不排斥 DSB 管辖的观点还有另外一种解释，即 GATT 第 21 条序言中的“自裁决式”表述并不及于（b）款分项，所以专家组对 DS512 享有管辖权。[⑤] 如果按照此种解释，对于自我判断性质是否排斥管辖权的问题并没有因为 DS512 的专家组报告或裁决结果而有定论，安全例外条款的自我判断性质对于 ISDS 机制下仲裁庭管辖权扩张是否有阻断的效果仍是未知。

新一代 IIA 中附有自裁决性质的安全例外条款并不在少数，如果安全例外条款的自裁决性质对 ISDS 机制下仲裁庭管辖权扩张有所限制，甚至因自裁决性质而排除仲裁庭管辖，不仅可能对 ISDS 机制有一定减损，而且会助长东道国以安

① 投资领域的国家安全例外条款由贸易领域发展而来，二者在体例结构和措辞上具有一定的相似性，所以贸易领域相应案例的裁决对投资领域有一定的参考价值。但相较于贸易，投资与国家安全的牵连性更强，投资价值的实现具有长期性和间接性，投资者对东道国社会经济环境的稳定有更强的需求，而投资对于东道国经济命脉也有重要的影响，所以安全例外条款的管辖问题在投资领域更为重要。

② 杨钊、黄世席：《国际贸易协定下安全例外条款“必要性”措施的判定——基于“卡塔尔诉沙特知识产权保护措施案”专家组报告分析》，载《国际法学刊》2021 年第 3 期，第 79 页。

③ 韩秀丽：《双边投资协定中的自裁决条款研究——由“森普拉能源公司撤销案”引发的思考》，载《法商研究》2011 年第 2 期，第 20 页。

④ See Stephan W.Schill, Robyn Briese. “If the State Considers: Self-Judging Clauses in International Dispute Settlement,” *Max Plank Yearbook of United Nations Law*, Vol. 13, 2009, pp. 61-140.

⑤ 梁咏：《论国际贸易体制中的安全例外再平衡》，载《法学》2020 年第 2 期，第 144—145 页。

全例外行投资保护之实的可能性。如果安全例外条款的自裁决性质不排斥仲裁庭的管辖权，则意味着仲裁庭可能将对东道国因保障国家安全利益而采取的措施的正当性进行审查，这是否又会构成缔约方对国家主权的过度让渡呢？

实际上，即使是非自裁决式国家安全例外条款本身是否应当交由仲裁庭管辖即存有争议，如果能够把自裁决对其是否有限制进行明确，也就对安全例外的管辖问题清除了部分障碍。例如，赋予安全例外条款自裁决性质，则代表排除仲裁庭的管辖，不赋予则不排除；或者是否赋予安全例外条款自裁决性质对仲裁庭管辖权没有影响。总之，应当有明确的判断标准，尤其在援引自裁决式安全例外条款的抗辩可能越来越多时，更不宜模糊处之。但很明显的是，目前不管理论上还是实践中对安全例外条款的管辖问题都存有争议。

三、ISDS 仲裁机制下安全例外条款管辖问题的背景因素

阿根廷一系列投资仲裁案件及 Devas v.India 案、Deutsche Telekom v.India 案之后，尤其 DS512 案之后，DSB 或投资仲裁机构对安全例外条款有管辖权似乎已经是趋向于主流的观点，但实际上这一观点并没有具备理论上或实践中强有力的支撑。上述案件的确都涉及仲裁庭或专家组对安全例外条款的管辖权争议，实践中仲裁庭或专家组也都行使了管辖权，但并非所有案件行使管辖权的原因都是争端解决机构明确认为其对安全例外条款有管辖权，有些裁决结果中给出的结论是持反对意见的，如 Devas v.India 案仲裁庭关于管辖权争议作出的结论中即有表述：多数认为仲裁庭对印度因保护基本安全利益而撤销 Devas 协议缺乏管辖权。[①] 虽然专家组在 DS512 案中认为其对俄罗斯援引 GATT 第 21 条具有管辖权，但学术界仍然有质疑的声音，彭岳即认为安全例外已经超出了专家组的权限，应当尽量避免纠纷升级，寻求协商解决，[②] 况

① "By majority, that the Tribunal lacks jurisdiction over the Claimants' claims insofar as the Respondent's decision to annul the Devas Agreement was in part directed to the protection of the Respondent's essential security interests."

See CC/Devas (Mauritius) Ltd., Devas Employees Mauritius Private Limited and Telecom Devas Mauritius Limited v. India, PCA Case No. 2013-09, Award on Jurisdiction and Merits, July 25, 2016, para.501 (c).

② 参见彭岳：《中美贸易战中的安全例外问题》，载《武汉大学学报（哲学社会科学版）》2019 年第 1 期，第 166 页。

且自裁决性质是否阻断管辖权的争议并没有明确，所以应当从哪些方面考虑而确定仲裁庭对安全例外是否有管辖权目前依旧是一个值得被探讨的话题。

如前所述，一定程度上，安全例外已上升至国家主权层面，国家主权问题只能由国家自身解决，对于安全例外争议可以由国家之间友好协商，但并不在第三方机构的管辖范围内，如果国家愿意接受第三方机构的管辖，完全出于国家对部分主权内容的让渡，并非投资仲裁机构对属事管辖权简单的扩大解释即可囊括，对于 ISDS 机制下仲裁庭权能扩张态势及安全例外条款的管辖问题须考虑以下两个方面因素。

（一）管辖权能扩张的内部需求与外部条件

仲裁庭有意愿扩张其管辖权。国际仲裁机构一般遵循“自裁管辖原则”，即仲裁机构有权对自身的管辖权作出裁定，《ICSID 公约》及《UNCITRAL 仲裁规则》（《联合国贸易法委员会仲裁规则》）都采用了这一原则，即认为仲裁庭是其自身管辖权能的决定者，实践中仲裁庭也倾向于运用这一原则扩张管辖权边界。仲裁庭的管辖权扩张偏好有一定的内在动因。前文提到，仲裁庭的管辖权来源于缔约方的权利让渡，之所以对部分主权予以让渡，是为了换取更多的经济发展权利。缔约方一般会在 IIA 中承诺向外国投资者提供稳定和自由的投资环境，对于因投资而产生的争议，缔约方一般允许在东道国寻求当地救济和外交保护之外诉诸 ISDS 机制，前两者难免具有一定的政治色彩，而后者在一定程度上排除了东道国和投资者母国的政治干扰，为投资者提供了在国际层面直接对抗东道国的“法律武器”，[①] 所以诉诸国际投资仲裁程序更受投资者的青睐。需要强调的是，投资仲裁的提起具有单方性，投资者作为提起仲裁的当事方享有绝对主动权，投资者希望可以通过国际投资争端解决程序来对抗东道国采取措施的合法性，为了仲裁庭本身的存续和影响力的持续扩大，仲裁庭会积极考虑掌握诉权的投资者的意愿，在权限可及范围内扩大管辖权的边界。尤其在仲裁机构并非一家独大的情况下，仲裁机构之间也存在着一定的竞争关系，如果仲裁规则可以更多地考虑投资者的需求，自然是一种吸引。比如，中国—坦桑尼亚 BIT 第 13 条第 2 款规定，投资者可选择将争议提交东道国有管辖权的法院、ICSID 仲裁机构、UNCITRAL 仲裁机构或

① 徐树：《国际投资仲裁庭管辖权扩张的路径、成因及应对》，载《清华法学》2017 年第 3 期，第 195 页。

双方同意的其他仲裁机构，此时投资者即有一定的选择权，选择的标准自然是哪一仲裁机构以往呈现的规则实践对其更加有利。所以仲裁庭扩张管辖权具有一定的内在驱动性。

仲裁庭扩张管辖权除具有一定的内在动因外，外界也有促成其扩张权能的条件。国际投资仲裁机构作出的仲裁裁决具有可执行性。根据《ICSID 公约》第 54 条的规定，公约的每个缔约国均有义务承认仲裁庭作出的裁决的约束力并予以遵照执行。在《ICSID 公约》之外，还有《纽约公约》(《承认和执行外国仲裁裁决公约》)，公约成员国可据此主张仲裁裁决的承认和执行。当然，国家享有执行豁免权，但一般情况下，由于参与国际社会关系的需求及“有约必须信守”等国际法原则的约束，东道国不会肆意否决仲裁庭裁决的执行。这样就给仲裁庭权能的扩张带来了外在动因。

仲裁庭对安全例外条款的管辖权也可以用上述管辖权扩张的内在和外在动因予以解释，如无其他特殊规定，仲裁庭完全可依据“自裁管辖原则”将安全例外纳入管辖范围。

（二）国家主权与经济发展权的置换

国家主权是国家根本属性，是国家独立自主处理内外事务的统治权力，包括领土主权、政治主权、经济主权、资源主权、文化主权等，以国家为被申请人的投资争端解决也在国家主权行使权力的范围内。国家主权不从属于外来意志，投资仲裁机构本身没有权力对国家的投资争端行使管辖权，仲裁庭的权力来源不是国际法，而是国家的自愿。如果国家不是自愿接受仲裁庭管辖，则任何机构都不能左右国家意志。国家之所以同意将与之切身利益相关的投资争端提交仲裁庭管辖，可以视作对投资者稳定的投资环境和降低投资风险的承诺，以部分国家主权的让渡置换经济发展的权利，此时的国家属于与投资者平等的商事主体，可以接受国际投资仲裁机构的管辖。

需要注意的是，缔约方在 IIA 中约定愿意接受 ISDS 机制而作出的权利让渡，所让渡的仅仅是部分权利，绝不包括与国家命脉息息相关的国家安全权利，当国家安全利益受到威胁时，缔约方有权采取相应措施予以维护，并根据安全例外条款免除违背条约义务的不法性，即使 IIA 中并没有约定安全例外条款，出于对国家安全的维护，东道国一样会采取相应措施。所以经过仲裁庭管辖权边界的扩张，如果安全例外也被纳入仲裁庭管辖范围，是否违背了缔约方权利让渡的初衷？

内外部的驱动力是 ISDS 机制下仲裁庭管辖权能扩张的重要原因，权利的让渡是仲裁庭获取管辖权的权利来源，对安全例外条款管辖问题的研究需要了解这两个方面的背景因素，以便针对现状更好地采取应对措施。

四、安全例外条款管辖问题的条约解释现状

通过以上两个方面分析可知，仲裁庭管辖权的扩张具有一定的现实基础，自裁管辖原则的内因驱动及裁决可执行性的外在推力都促使仲裁庭管辖权能的扩张，在此种扩张的趋势下，安全例外极容易被纳入管辖范围。然而，从缔约方权利让渡的初衷考虑，即使缔约方愿意让渡部分主权置换经济发展权利，国家安全权利也绝不在让渡的范围内。对于国家安全例外的管辖，作为东道国一方自然不愿意将其交予仲裁庭，一旦交予仲裁庭，即在一定程度上失去了对安全例外的控制权力。但从另一角度出发，如果安全例外完全掌握在东道国控制之下，则投资者的权益难以得到有效保障，东道国以国家安全为名行投资保护之实的概率将大大增加，Huawei v. Kingdom of Sweden（华为5G禁令案）及 Wang King et al. v. Ukraine（乌克兰马达西奇收购案）便是例证，[①] 如果东道国的肆意行径得不到有效控制，侵害的不仅仅是投资者的合法权益，国际经济秩序也必然遭到破坏。所以不能不顾及东道国安全利益的维护，也不能不顾及投资者权益的保障，而应当两相权衡，寻找利益平衡空间。前述论及仲裁庭扩张管辖权是通过对条约的解释实现的，那么可以通过对安全例外条款应否由仲裁庭管辖的条约解释问题进行分析，寻找这一平衡空间。

一般而言，条约的解释主体既包括缔约方，也包括仲裁庭，仲裁庭对条约解释的权利来源于缔约方的授权，对仲裁庭的角色定位适宜介于代理人与受托人之间。[②] 一方面，缔约方在 IIA 中约定将投资争端提交国际仲裁机构

① 华为 5G 禁令案及乌克兰马达西奇案中，瑞典及乌克兰同以“国家安全”为由侵害了中国投资者的权益。中国投资者已经向投资争端解决机构提出仲裁申请。See *Huawei Technologies Co., Ltd. v. Kingdom of Sweden*, ICSID Case No. ARB/22/2, Original Proceeding, https://icsid.worldbank.org/cases/case-database/case-detail?CaseNo=ARB/22/2, July 12, 2022. *Wang Jing, Li Fengju, Ren Jinglin and others v. Republic of Ukraine*, https://www.iareporter.com/arbitration-cases/wang-jing-et-al-v-ukraine/, July 12, 2022.

② 《仲裁庭的条约解释权及〈维也纳条约法公约〉的引导与制约》，载《华南师范大学学报（社会科学版）》2021 年第 1 期，第 140—141 页。

裁决，也有摆脱东道国与投资者母国政治干扰的考虑，所以仲裁庭不适宜作为缔约方完全的代理人或受托人，否则将受制于缔约国，不能达到避免政治干扰的目的；另一方面，IIA 的内容表述一般具有模糊性，如果想通过仲裁庭解决投资争端，务必需要赋予仲裁庭对条约解释的自由裁量权，只是自由裁量权的大小需要谨慎衡量。在了解仲裁庭的条约解释权源后，还要了解条约解释的依据或一般准则——《维也纳条约法公约》（VCLT）第 31 条[①]及第 32 条[②]。VCLT 第 31 条规定了条约解释的通则，即条约的解释应当依据目的和宗旨并联合上下文，遵循善意解释原则，嗣后协议或实践以及缔约方的意图也在考虑之列；VCLT 第 32 条规定了条约解释的补充资料，包括条约准备工作及缔约情况。前述两条款是条约解释的指导性条款，并且已经上升至国际习惯法层面，即使 IIA 本身并没有约定条约解释须遵照 VCLT 执行，这一通则也应当为所有条约解释所遵守，对安全例外条款应否由仲裁庭行使管辖权的条约解释问题也不例外。

既存 IIA 中几乎没有关于安全例外条款是否应被纳入管辖范围的明确约定，所以仲裁庭可以遵循 VCLT 的解释指导，将文本与目的解释相结合，发挥善意解释的辅助作用，兼顾缔约方的意图，正确、合理地解释安全例外条款的管辖问题。根据安全例外条款的性质划分，有自裁决式与非自裁决式两种类型，司法实践中倾向于将非自裁决式安全例外条款纳入争端解决机构管辖范围，早在 1986 年 Nicaragua v.America 案中，国际法院即在判决中指出，美国—尼加拉瓜《友好通商航海协议》（FCN）第 21 条规定的是援引条款的条件，不能解释为排斥国际法院的管辖权，而且条款本身也并没有 GATT 第

---

① VCLT 第 31 条解释之通则规定："一、条约应依其用语按其上下文并参照条约之目的及宗旨所具有之通常意义，善意解释之。二、就解释条约而言，上下文除指连同弁言及附件在内之约文外，并应包括：（甲）全体当事国间因缔结条约所订与条约有关之任何协定；（乙）一个以上当事国因缔结条约所订并经其他当事国接受为条约有关文书之任何文书。三、应与上下文一并考虑者尚有：（甲）当事国嗣后所订关于条约之解释或其规定之适用之任何协定；（乙）嗣后在条约适用方面确定各当事国对条约解释之协定之任何惯例。（丙）适用于当事国间关系之任何有关国际法规则。四、倘经确定当事国有此原意，条约用语应使其具有特殊意义。"

② VCLT 第 32 条解释之补充资料规定："为证实由适用第三十一条所得之意义起见，或遇依第三十一条作解释而：（甲）意义仍属不明或难解；或（乙）所获结果显属荒谬或不合理时，为确定其意义起见，得使用解释之补充资料，包括条约之准备工作及缔约之情况在内。"

21 条“it considers”的措辞结构，所以不能排斥国际法院的解释和适用。判决言外之意，似乎指出自裁决式安全例外条款应当在争端解决机构管辖范围之外，但其实不然，如上文所述，自裁决性质是否阻断争端解决机构的管辖边界扩张尚不十分明确，仍需要争端解决机构及缔约方的合理解释。比较具有代表性的 DS512 案件中，专家组分析了 GATT 的宗旨与目的，GATT 起草者认为“安全例外条款的制定目的是保护真正的基本安全利益，反对成员将条款用于产业保护”，如果被赋予自裁决性质即意味着安全例外条款被排除专家组管辖范围，则与 GATT 的缔约宗旨背道而驰。

DS512 案件中，专家组以第 21 条序言不及于分项的解释方式避开了对自裁决式安全例外条款是否排斥管辖的分析，说明在 WTO 框架下对自裁决式安全例外条款是否应当由仲裁庭管辖尚无统一论断。国际投资领域也是一样，新一代 IIA 中安全例外条款被赋予自裁决性质的情况越来越多，但理论及仲裁实践中对于自裁决性质是否排斥管辖权还没有形成统一意见，这种司法状况与现实需求不符，面对高发的安全例外条款的管辖问题，仲裁庭及缔约方均应当积极响应，遵循 VCLT 通用准则并予以善意解释，在 IIA 中或通过其他方式给出明确的论断或指引。

五、ISDS 仲裁机制下对安全例外条款管辖现状的应对

ISDS 机制下仲裁庭的管辖呈现出扩张趋势，在扩张趋势下，即使有认为安全例外的适用不适宜由第三方机构审查的声音存在，安全例外条款也极易被纳入管辖范围。安全例外条款的 ISDS 管辖正处于某种微妙的矛盾之中，基于国家主权因素的考量，安全例外条款不宜交由当事国以外的机构作出裁决决定，除非是当事国同意的第三方斡旋，如果仲裁庭没有正当理由和合理解释即宣告对安全例外条款的管辖，ISDS 机制也容易受到挑战，另外，如果仲裁庭否定安全例外条款的可被管辖性，以国家安全为名的违背条约义务的不法措施到处发生，对国际经济秩序也是一种破坏。东道国安全利益、投资者权益以及仲裁庭管辖之间平衡空间的寻求，需要缔约国与仲裁庭共同努力。下文即对应对安全例外 ISDS 管辖现状的策略作出分析。

（一）退出 ISDS 仲裁机制

退出 ISDS 仲裁机制是缔约方应对仲裁庭管辖权能扩张的最直接的方法。如果退出 ISDS 仲裁机制，缔约方拒绝将投资争议提交仲裁庭管辖，自然也无

须讨论个案中安全例外条款应否被纳入管辖范围的争议。

ISDS仲裁机制由公约建立，如《ICSID公约》，一般情况下，BIT中会约定如果缔约方系《ICSID公约》成员国，则可将投资争端提交ICSID仲裁庭解决，如美国—乌拉圭BIT第24.3条（a）项，[①] 所以缔约方选择退出公约多半表达了其不受制于ISDS仲裁机制的意愿，问题中提到早前已经有缔约国退出公约的先例，如委内瑞拉、玻利维亚、厄瓜多尔在退出后又重新加入，但退出公约并不当然意味着绝对不受管辖，在仲裁庭的扩大解释下，投资争端也有可能被纳入管辖范围，如Pan v. 玻利维亚案。[②] 一方面，退出《ICSID公约》前所产生的公约项下的争议仍旧可诉诸ICSID仲裁机制；另一方面，不终止BIT的仲裁条款，也不能完全拒绝ICSID仲裁管辖。

ISDS仲裁机制是解决投资者与东道国投资争端的其中一种方式，除此之外还有磋商、东道国法院诉讼、国际法院诉讼及投资者母国保护等方式，所以退出ISDS仲裁机制不代表投资争端无法解决，也不代表投资者权益失去保护。但是即便如此，退出ISDS仲裁机制也并不是一个值得推荐的方式，退出多边体制建设可能意味着某些投资机会和经济发展机会的丧失，所以只有在缔约方全面衡量之下，认为继续受制于ISDS仲裁机制的成本远远高于退出的成本，才建议选择此种应对方式。

（二）排除IIA仲裁条款

与退出ISDS仲裁机制有异曲同工之妙，排除IIA仲裁条款也是缔约方应对仲裁庭管辖权能扩张的方式。大部分IIA在争端解决部分都会约定仲裁方式，包括ICSID仲裁、UNCITRAL仲裁或缔约方认可的其他仲裁方式，除《ICSID公约》外，缔约方缔结的IIA也是仲裁庭考虑管辖范围的依据，如果IIA中不再约定仲裁条款，缔约方也可主张不再受制于ISDS仲裁机制。澳大利亚—马来西亚《自由贸易协定》（FTA）第12章投资专章即排除了仲裁条款，《区域全面经济伙伴关系协定》（RCEP）也没有约定ICSID仲裁管辖。同退出

---

① 美国—乌拉圭BIT第24.3条（a）项规定："under the ICSID Convention and the ICSID Rules of Procedure for Arbitration Proceedings, provided that both the respondent and the non-disputing Party are parties to the ICSID Convention."

② 投资者在玻利维亚退出ICSID公约后依据美国与玻利维亚BIT提起仲裁，所以退出ICSID公约并不必然导致排除仲裁庭的管辖。See Pan American Energy LLC v. Plurinational State of Bolivia, ICSID Case No. ARB/10/8, Decision on the Respondent's Preliminary Objections, 26 April 2013.

ISDS 仲裁机制一样，IIA 中排除仲裁条款也需要谨慎选择，否则可能影响缔约方在国际投资领域对外资的吸引，继而影响整体经济状况。

（三）在 IIA 中明确安全例外条款是否被纳入管辖范围

对于仲裁庭扩张管辖边界的现状，缔约方综合衡量之下可以不采取“一刀切”的应对方式而完全排除仲裁庭管辖，因为一般情况下除了涉及国家安全的问题东道国不希望寄托于第三方机构之外，关于其他方面的投资争议，东道国并不排斥第三方中立方的审查和判断。所以为了解决当前比较有争议的 ISDS 机制下安全例外条款的管辖问题，缔约方在 IIA 缔结过程中可以明确发表条款是否可被纳入管辖范围的意见，如果缔约方能够达成一致，则可以固定在 IIA 中，如果缔约方不能达成一致，则可以在 IIA 中作意见的保留。当然，在意见保留的情况下，可能还会引发新的争议，但至少已经向安全例外条款可否被纳入管辖范围的条约明朗化推进了一步。

仲裁庭的管辖权利本就来源于缔约方的授权，缔约方最为熟识本国实际情况，也最关注本国在国际经济秩序中的角色，有立场、也有能力对安全例外条款是否应当提交 ISDS 机制下仲裁庭管辖作出判断，即使缔约方作出安全例外条款不受制于 ISDS 仲裁机制的合意，也应当得到国际仲裁机构的尊重。缔约方在缔约谈判时一定带有鲜明的目的和底线，国家安全对于缔约方最为紧要，如果缔约方作出安全例外条款排斥仲裁的决定，必定是多方考虑的结果，在仲裁之外，缔约方也可以选择其他方式解决。

（四）仲裁庭的说理解释须更具有信服力

ISDS 仲裁机制下安全例外条款管辖争议的减少，除缔约方的努力外，还需要仲裁庭的共同作为，即仲裁庭需要传递公正性和信服力，这种信息的传递不仅包括清楚明确地解释仲裁庭对安全例外条款是否有管辖权的原因，还包括在确定有管辖权后可以作出说理解释充分的裁决。实际上，仲裁庭管辖权能的扩张是一种必然，缔约方或国际社会并不完全排斥管辖权的扩张，但仲裁庭的说理解释必须更加具有信服力和公正性，才能让缔约方出于自愿将安全例外条款的争议提交其管辖。

从以往的裁决经验来看，争端解决机构都会尽量避免与国家安全例外条款的管辖与审查程度有正面的交锋，尤其在面对安全例外条款的自裁决性质时。DS512 之前，已经有涉及 GATT 第 21 条的争端存在。比如，如哥伦比亚、洪都拉斯、尼加拉瓜的贸易制裁案中，尼加拉瓜即援引 GATT 第 21 条抗辩，强调专家组无权审理，专家组建议各方协商审查范围，但案件最终不了了之。DS512之后，专家组也没有正面回应安全例外条款的自裁决性质是否排斥管辖，而是以自裁决属性不及于分项巧妙避开。至于自行决断权为何不能由序言及于分项，似乎并没有特别具有说理性和可信服的解释。又如，Devas v.India案，虽然裁决结果中有安全例外条款排斥管辖的观点，但同时也有另一观点，即仲裁庭裁决结果认为印度撤销协议出于保护基本安全利益的考虑占60%，构成征用投资而应支付给Devas公司的补偿占投资价值的40%。如此比例因何而来，仲裁庭似乎也并没有给出特别具有信服力的论证和解释说明。所以为了减少ISDS仲裁机制下对安全例外条款的管辖争议，仲裁庭有必要在裁决结果中给出尽量详尽的论述和有力的论证，以增强缔约方和国家社会对仲裁庭裁决能力的信任。

六、总结

ISDS仲裁机制下安全例外条款的管辖争议正处在矛盾之中，一方面，缔约方以东道国身份出现时，希望安全例外条款起到排斥仲裁庭管辖的效果，而以投资者母国身份出现时，又希望安全例外条款被纳入仲裁庭管辖范围之内，基于双重角色的转换，缔约方有接受管辖的需求，也有排除管辖的需求；另一方面，仲裁庭有扩张管辖权能的内因驱动，也具备外部条件，出于ISDS机制的稳定性和持续性考虑希望将安全例外条款纳入管辖范围，但在裁决时又尽量避免与安全例外条款的正面交锋，或者避开对安全例外可被管辖与否的详尽解释说明。而安全例外条款本身就具有一定的模糊性，有的学者支持安全例外条款在条约中的模糊状态，[①] 认为越模糊缔约方的空间越大，越有利于争议的解决，但实际上，越模糊，条款被滥用的可能性就越大。矛盾之下，对于安全例外条款应否被纳入仲裁庭管辖范围大体上可以总结出三种观点，一种认为国家安全事项最好还是由缔约方掌握，争端解决机构无权管辖；另一种认为安全例外条款有自裁决性质与非自裁决之分，前者不排斥仲裁庭管辖，后者因自裁决性质而排斥管辖；还有一种认为安全例外条款不排斥仲裁庭管辖，即使是自裁决式安全例外也不排斥，只不过仲裁庭的审查标准会因为自

① 参见彭岳：《中美贸易战中的安全例外问题》，载《武汉大学学报（哲学社会科学版）》2019年第1期，第166页。

裁决性质与否而不同。

上述争议及矛盾的呈现都是国际社会利益追逐的表现，此种因由之下必然产生博弈，如果肆意扩张仲裁管辖边界，必将引起缔约方不满情绪，裁决结果不利因素居多的缔约方可能会选择挑战 ISDS 机制，对于真正以例外条款维护国家安全利益的东道国也增加了风险负担，但如果不将安全例外条款纳入仲裁庭管辖范围，如果东道国肆意援引安全例外条款侵蚀投资者的投资财产，投资者面临的风险更大，也不利于国际投资秩序的稳定和发展。所以 ISDS 仲裁机制下安全例外条款管辖争议问题的解决可以回归至东道国国家利益与投资者利益平衡的问题之下，如何在二者之间寻求趋于合理的平衡是当今热点问题，[①] 也是亟待解决的问题。对安全例外条款管辖问题的思考也需要融入平衡的理念，其实缔约方在意的根本内容不在于安全例外是否应当诉诸仲裁庭管辖，而在于国家安全利益是否能够得到有效维护以及投资者合法权益是否可以得到有效保障，在排除主观恶意因素的前提下，只要争端解决方式传递出公平合理的信息，缔约方就可以选择，无论是否是 ISDS 仲裁机制。所以缔约方可以对安全例外条款的争议解决方式在 IIA 中予以更加明确的表达，而仲裁庭想要继续在安全例外领域扩张管辖，就必须去模糊化，让裁决和解释更加具有信服力。

---

① 余劲松：《国际投资条约仲裁中投资者与东道国权益保护平衡问题研究》，载《中国法学》2011 年第 2 期，第 133 页。

从裁决到解释：ISDS 机制“不一致”现象的问题转向

——基于典型案例的考察

黄　钰*

● **摘　要**

“不一致”现象是 ISDS 长期面临的问题，在以 Lauder 案以及阿根廷经济危机导致的系列仲裁案件所代表的典型案例当中，仲裁庭不同结论的得出在相当大的程度上是不同的解释方法或解释工具所导致的。对于国际投资条约的常见条款而言，“不一致”的重点领域都面临解释方法和工具上的分歧。对于处在改革过程中的 ISDS 机制，条约解释能够串联起各项改革议题，充当程序规则与实体规则之间的桥梁，需要得到高度的关注，并结合改革的政策目标进行价值权衡与路径细化，才能实质性地提升改革的成效。

● **关键词**

国际投资仲裁　裁决不一致　条约解释　案例分析

Abstract: The phenomenon of “inconsistency” is a long-term problem faced by ISDS. Through a detailed analysis of the reasoning process of typical cases, it is found that the different conclusions from arbitral tribunals are largely caused by different interpretation methods or

* 黄钰，复旦大学法学院博士研究生。

interpretation tools. With further examination of the common provisions of international investment treaties, it is found that the prominent areas of “inconsistency” all face differences in interpretation methods and tools. For the ISDS mechanism in the process of reform, the treaty interpretation can connect various reform issues and act as a bridge between procedural rules and substantive rules. Therefore, it needs to be given intense scrutiny, and the value balance and path refinement should be carried out in combination with the policy goals of the reform so as to essentially upgrade the effect of the reform.

Key Words: ISDS, inconsistent award, treaty interpretation, case analysis

从 Lauder 诉捷克案（以下简称 Lauder 案）和 CME 公司诉捷克案（以下简称 CME 案）两个近乎一样的案件得到了两份截然不同的裁决开始，[①] 国际投资仲裁“裁决不一致”问题就开始受到广泛的关注与批判，国内外对国际投资仲裁机制合法性危机的探讨也都始于这一现象的出现。[②] 之后，在阿根廷经济危机引发的系列相似案件中出现了更多不一致的裁决，“裁决不一致”受到了更多的讨论，但是绝大多数研究都是从外在分析原因和对策，如有学者认为在斯德哥尔摩仲裁院在伦敦仲裁院已经受理案件的情况下，应当以“一事不再理”为由拒绝进行仲裁。[③] 还有作为捷克的法律顾问参与了斯德哥尔摩仲裁的荷兰学者 Filip De Ly 批判了该案件中仲裁庭组成的不合理导致的“心理

① See Lauder (The USA) v. Czech Republic, Final Award of 3 September 2001 [hereafter “Lauder v. Czech”]; CME Czech Republic B.V. (The Netherlands) v. The Czech Republic, Partial Award of 13 September 2001 & Final Award of 14 March 2003 [hereafter “CME v. Czech partial & CME v. Czech final”]，实际上就是同一个事件，Lauder 为 CME 公司股东，就捷克收回 CME 专营权一事在伦敦仲裁院与斯德哥尔摩仲裁院分别提起了仲裁。

② See Susan D. Franck, *The Legitimacy Crisis in Investment Treaty Arbitration: Privatizing Public International Law Through Inconsistent Decisions*, Fordham Law Review, Vol.73, 2005, pp.1521–1626；刘笋：《国际投资仲裁裁决的不一致性问题及其解决》，载《法商研究》2009 年第 6 期，第 139—147 页。

③ See Jeremy Carver, *How to Avoid Conflicting Awards*, The Journal of World Investment & Trade, Vol.5: 1, 2004, p.28.

偏差（psychological bias）”等案外因素，并反对设立上诉机制。[①] 相反，也有学者在分析了阿根廷经济危机引起的国际投资仲裁案件后，认为仲裁员的集中等因素会给投资仲裁结果带来负面影响，进而建议设立上诉机制。[②]

上述对于“裁决不一致”原因和对策的分析都是从外部展开的，应当意识到，各种政治和利益因素以及仲裁员本身的负面因素当然都会对仲裁的公正产生负面影响，然而仲裁庭在案件过程中要处理的是具体的问题，尽管可能有个人倾向，但仲裁员不可能在审理过程中径直作出明显错误的裁决，仲裁结果的作出有一个说理和论证的过程，仲裁庭一定会尽可能“自圆其说”，因此考察不同仲裁庭得出不同结论的说理论证过程是改善国际投资仲裁“裁决不一致”问题应当首先关注的方向，但是这一角度长期以来却未得到直接和充分的讨论。为了应对目前ISDS机制的危机，联合国国际贸易法委员会（UNCITRAL）第三工作组“投资人与国家间争议解决制度改革”（以下简称工作组）已经自2017年开始系统开展有关ISDS机制改革的工作，但对于“条约解释”议题尚未进行专门和深入的讨论。因此，对于处在改革过程中的ISDS机制而言，对“不一致”现象和“条约解释”的认识都有待深入。

一、Lauder案与CME案

（一）基本案情

两案中，美国投资者Lauder依据荷兰法律设立了CME，通过CME取得捷克电视服务公司CNTS的控制权，与拥有视听许可证的CET 21合作，在捷克开展电视广播业务。后来捷克当地的媒体法律发生变化，媒体委员会认为CNTS在没有许可证的情况下开展广播业务，因此联合CET 21对CNTS的章程进行了多次更改，但CNTS坚持其排他性地拥有开展广播业务的权利。CET 21随后开始与其他第三方开展合作，CNTS要求捷克媒体委员会阻止CET 21的此等行为，未获支持。随后，CET 21以CNTS未提供日志为由终止了两者

① See Filip De Ly et al, Who Wins and Who Loses in Investment Arbitration – Are Investors and Host States on a Level Playing Field: The Lauder/Czech Republic Legacy, Journal of World Investment & Trade, Vol.6: 1, 2005, pp.59–64.

② See Leah D Harhay, *Investment Arbitration in 2021: A Look to Diversity and Consistency*, Southwestern Journal of International Law, Vol.18: 1, 2011, pp.89–102.

的服务协议，CNTS 因此无法继续开展广播业务。因此，Lauder 以《美国与捷克斯洛伐克关于鼓励和保护投资的互惠条约》（以下简称美捷 BIT）为依据，以自己为原告在伦敦仲裁院提起仲裁（以下简称伦敦仲裁），同时以《荷兰与捷克共和国双边投资条约》为依据，以 CME 为原告在斯德哥尔摩仲裁院提起仲裁。

两起仲裁中，Lauder 和 CME 所提出的请求基本一致，尽管是不同的条约，但是申请人所提出的捷克违反条约义务的内容是基本相同的，一共有五项内容，分别涉及公平公正待遇、充分保护和安全、以国际法最低限度对待投资、禁止任意和歧视性措施以及间接征收。

（二）关键争议的解释和论证

两起仲裁中，捷克当局都首先提出了程序上的抗辩，[①]本质上都涉及仲裁庭对有关争议的管辖权问题。伦敦仲裁庭全数驳回了捷克关于程序问题的抗辩，认定仲裁庭具有管辖权。[②]斯德哥尔摩仲裁庭也否认伦敦仲裁裁决对自己的拘束力。[③]

在论证管辖权问题时，伦敦仲裁庭首先采用了“限制性解释”方法，将美捷 BIT 第 6.3 条（a）款“相同的争端”解释为“相同的原告针对相同的被告提起的程序”，然后在严格坚持“当事人一致”的情况下，认为由于其他程序中的当事人与伦敦仲裁下的当事人都不一致，因此不能排除伦敦仲裁庭的管辖权。在论证不存在双重救济和程序滥用的结论时，伦敦仲裁庭也采取了类似限制性解释的方法，认为待决效力原则不能适用，因为当事方和法律依据均不同。[④]在讨论 6 个月等待期问题时，伦敦仲裁庭首先采取了“目的解释”方法，认为 6 个月等待期的设定是为了让争议双方在提起仲裁前进行友好协商，只是一个程序条款而非管辖权条款。然后又采取了尚未被一般国际法和国际投资仲裁广泛承认和稳定适用的“有效解释”方法，认为尽管事实上确实未达到 6 个月，但没有证据显示捷克当局有与 Lauder 进行协商的意愿，如果坚持认为未经过 6 个月等待期就不能提起仲裁，申请人将事实上无法得到

① See CME v. Czech final, para.212–215.

② See Lauder v. Czech, para.166, 175, 180, 191.

③ See CME v. Czech final, para.426–437.

④ See Lauder v. Czech, para. 160–166, 171–175, 177–180.

救济。[①]斯德哥尔摩仲裁庭在讨论既判力原则时，也严格坚持传统的“三重一致”标准，并且援引了大量案例认为“一个仲裁庭有权解决提交给它的争议这一事实并不一定会影响根据不同协议组成的另一个仲裁庭解决争议的权利，即便它们是‘相同的’争议”[②]。这一结论比伦敦仲裁庭更加激进，也对既判力原则作出了限制性的解释。可以说，伦敦仲裁庭和斯德哥尔摩仲裁庭在讨论待决效力和既判力等问题时，都主要采用了限制性解释方法来证成自己的管辖权。

与在论证管辖权时思路类似不同，在讨论实质问题时，除了都认为捷克当局的部分行为构成了不合理的歧视之外，两个仲裁庭在是否提供了公平公正待遇以及是否符合最低待遇标准、是否提供了充分保护和安全、是否构成征收等争议上的结论都大相径庭。

在公平公正待遇问题上，伦敦仲裁庭仍然采用了“目的解释”，以及“上下文解释”方法，首先分析了美捷BIT序言有关公平公正待遇目的的说明，然后援引了联合国贸易和发展会议（UNCTAD）对公平公正待遇的解释，强调最低国际标准以及反向的不公平和不公正情况的存在，认为对于“公平公正”的判断是主观的而且要根据具体事实进行判断，鉴于捷克媒体委员会也一样对CET 21等公司采取了相同的或类似的措施，由此否定了捷克媒体委员会对CNTS的行政程序有任何不公平和不公正的成分的主张，因此不构成违反公平公正待遇的义务。[③]斯德哥尔摩仲裁庭对公平公正待遇的理解则完全不同，其明确指出东道国对CET 21采取同样措施的行为不能证成其行为的合理性，因为该等行为也有可能是违法的。公平公正待遇的标准不能通过东道国对本国国民设置的标准来检验，而是采取了“专家学说”的解释工具，认同了Vagts在文章中阐明的判断标准，认为公平公正待遇“除非根据条约规定，禁止东道国政府取消投资者所依赖的经营业务的特许权、许可证或授权，以及非善意的政府目的（或非善意的时间安排）旨在使投资者无法获取利益的监管行动”。因此，因为捷克当局的行为剥夺了投资者赖以开展投资的安排，

① See Lauder v. Czech, para. 187–191.

② See CME v. Czech final, para.435.

③ See Lauder v. Czech, para. 289–304.

所以该行为违反了公平公正待遇。[①]

在提供充分保护和安全问题上，伦敦仲裁庭采取了“专家学说”的解释工具，援引了 Rudolf Dolzer 与 Margrete Stevens 所著《双边投资条约》（*Bilateral Investment Treaties*）中对充分保护与安全的论述，认为东道国没有义务保护外国投资者免受非因东道国国家行为的主体对其造成的任何损失。CME 失去投资机会是因为 CNTS 中断与 CME 的合同关系所致，捷克当局没有义务去干预两个公司之间的商业行为，因此捷克没有违反提供充分保护和安全的义务。[②]斯德哥尔摩仲裁庭则相反，其认为在东道国充分保护和安全义务的保障下，外国投资者与其他主体之间商定的以及东道国政府批准的安全和保护，无论东道国本身的意图如何，都不应该被东道国法律的修改或者行政机构的具体行动撤销或贬损。[③]斯德哥尔摩仲裁庭没有详细阐明其得出上述对充分保护和安全义务理解的过程，在这一问题上的解释和论述并不是十分充分。

在征收问题上，伦敦仲裁庭同样采取了“专家学说”的工具，援引了前述《双边投资条约》和 Georgio Sacerdoti 的《投资保护的双边条约与多边工具》（*Bilateral Treaties and Multilateral Instruments on Investment Protection*）对投资的论述，以及欧盟人权法院在案例中对征收和间接征收的界定，认为征收的主要特征是财产的转移，间接征收是一种不涉及公开征收的措施，但有效地取缔了对财产利益的享受。由于捷克当局没有直接或间接干涉 Lauder 财产的使用或财产利益的享受，而且即便认为捷克当局的行为事实上剥夺了投资者的财产权益，但捷克当局或与之相关的任何个人或实体并未因此受益，所以不构成征收。[④]斯德哥尔摩仲裁庭尽管也援引了《投资保护的双边条约与多边工具》一书对征收的论述，作为对征收的基本理解，在事实认定上也与伦敦仲裁庭相似，承认捷克当局没有通过公开的措施或间接方式对申请人进行征收，但是斯德哥尔摩仲裁庭进一步援引了更多的案例，不断拓展征收的定义和情形，认为不管是作为或不作为、公开或隐藏的方式，即使不一定是为了东道国自身的利益，只要后果是剥夺所有人对财产的全部或重要部分的使

① See CME v. Czech partial, para.142, 611.

② See Lauder v. Czech, para. 308–314.

③ See CME v. Czech partial, para.613.

④ See Lauder v. Czech, para. 200–204.

用权或合理预期的经济利益，就能构成征收。因此，通过允许或容忍媒体委员会的行为，并参与或默许拒绝投资者的经营权，斯德哥尔摩仲裁庭认为捷克当局采取了等同于征用的措施。①

由此可以看出，在论证管辖权问题时两个仲裁庭都倾向于采取限制性的解释方法达成共同的目的，而在实质问题关键理解上的分歧主要原因是两个仲裁庭采取了不同的解释方法或解释工具。在公平公正待遇问题上，伦敦仲裁庭主要采取了“目的解释”和“上下文解释”方法，而斯德哥尔摩仲裁庭主要运用了“专家学说”的解释工具；在提供充分保护和安全问题上，伦敦仲裁庭主要运用了“专家学说”的解释工具，而斯德哥尔摩仲裁庭未进行详细解释和论证；在征收问题上，双方都运用了“专家学说”的解释工具，但斯德哥尔摩仲裁庭在关键论据上更加依赖“先例援引”。可以说，双方得出的不同结论在相当大的程度上是由于采取了不同的解释方法或解释工具所导致的。

二、阿根廷经济危机引发的系列案件

阿根廷经济危机引发的系列投资仲裁案件多达四十余起，主要是阿根廷政府为应对经济危机而进行的大规模的国有化举措而引发的。在有关案件当中，由于主要的导火索是国有化政策，因此是否构成征收是核心的争议点，针对外国投资者的请求，阿根廷提出的有力抗辩则是“重大安全例外”，以下将结合申请人同为美国天然气领域投资者的4个相似案例对仲裁庭有关“征收”和“重大安全例外”作出的条约解释进行分析。

（一）基本案情

阿根廷在20世纪80年代曾经进行过“私有化”改革，大面积放宽投资政策，向外资开放了大量能源和基础设施项目，大批外资涌入，客观上确实促进了阿根廷的经济发展。然而自1998年开始，受当时国际金融形势的影响，阿根廷国内经济陷入低迷状态，资本大量外流，发生了“挤兑潮”甚至群众暴动等严重影响阿根廷经济和社会稳定的负面事件。为应对这一危机，阿根廷政府颁布了一系列的法律法规，其中包括《公共紧急状态法》，该法解除了

① See CME v. Czech partial, para.602-609.

阿根廷法定货币“比索”与美元的挂钩，实行浮动汇率，并且取消了公共事业领域的外资企业根据美国通货膨胀指数每半年进行一次价格调整的规定，导致比索大量贬值，外国投资者遭受了严重的经济损失，系列案件由此产生。

CMS 天然气运输公司（CMS Gas Transmission Company，以下简称 CMS）是依据美国法成立的一家从事天然气业务的公司，其自 1995 年起开始参与阿根廷国有的天然气公司 TGN 的私有化过程，因上述法案的颁布而受到了严重损失，于是依据《美国与阿根廷关于相互鼓励和保护投资的双边条约》（*Treaty between the United States of America and the Argentine Republic Concerning the Reciprocal Encouragement and Protection of Investment*，以下简称美阿 BIT）对阿根廷政府提起了仲裁。①

LG & E Energy Corp.，LG & E Capital Corp. 和 LG & E International Inc.（以下简称 LG & E）是属于同一集团的美国公司，投资了三家阿根廷本地天然气销售公司；Enron Corporation and Ponderosa Assets LP（以下简称 Enron）也是美国公司，投资了另一家阿根廷国有天然气公司 TGS；Sempra Energy International（以下简称 Sempra）同样是美国公司，投资了阿根廷本地的两家天然气公司 CGS 和 CGP。LG & E、Enron 以及 Sempra 与 CMS 一样，都因上述法案的施行遭受损失，同样依据美阿 BIT 对阿根廷政府提起仲裁。②

（二）关于间接征收的解释和论证

美阿 BIT 关于征收的内容规定在第 4 条第 1 款：除非出于公共目的，以非歧视的方式根据正当法律程序和第 2 条第 2 款规定的一般待遇原则，及时、充分和有效地支付补偿。否则，不得通过等同于征收或国有化的措施直接或间接对投资进行征收或国有化。CMS 仲裁庭首先援引了前述 Lauder 案对间接征收作出的解释，从而认为核心的问题是东道国是否对投资者的财产实施

---

① See CMS Gas Transmission Company v. Argentine Republic，ICSID Case ARB/01/8，Award of May 12，2005 [hereafter “CMS v. Argentine”] .

② See LG & E Energy Corp.，LG & E Capital Corp. and LG & E International Inc. v. Argentine Republic，ICSID Case No. ARB/02/1；Decision on liability of 3 October 2006 and Award of July 25 2007 [hereafter “LG & E v. Argentine Decision” “LG & E v. Argentine Award”]；Enron Corp. and Ponderosa Assets，L. P. v. Argentine Republic，ICSID Case ARB/01/3，Award of May 22 2007 [hereafter “Enron v. Argentine”]；Sempra Energy International v. Argentine Republic，Case No. ARB/02/16，Award of September 28 2007 [hereafter “Sempra v. Argentine”] .

了干预，进而导致投资者对财产权益的享受被实质剥夺，还援引了包括前述CME案以及Pope & Talbot案等其他案例来佐证这一判断。[①]由此，CMS仲裁庭支持了阿根廷政府的抗辩，认为阿根廷政府并不存在剥夺CMS的财产和投资的行为，因此不构成间接征收。[②]在Enron案和Sempra案中，申请人还指控阿根廷政府的行为构成了直接征收，但是均未获得仲裁庭的支持，两案中重点讨论的还是间接征收的问题。Enron和Sempra仲裁庭同样援引了CMS案广泛援引的“Pope & Talbot”一案给出的标准，还援引了其他案件进行论证，思路与CMS案基本一致。[③]

LG & E案的结论与上述三个案件一致，但论证过程有所不同。LG & E案也援引了CME案以及Pope & Talbot案对间接征收的描述，并且认为尽管法律地位的变更和事实上的影响是认定间接征收的关键因素，但是东道国采取措施的目的也应该纳入考量，进而认为对间接征收的判断要建立在权衡东道国对投资者权利的干预和东道国的政策实施两项因素之上。随后，LG & E仲裁庭首先考察了东道国措施的经济影响，包括投资者的合理预期和措施持续时间，还援引了其他案例对间接征收的认定，认为如果投资继续经营，即使利润减少，对投资开展业务能力的干扰就不被认定为间接征收。在持续时间上，LG & E仲裁庭认为征收必须是永久的，除非投资者特别依赖特定时期的活动来实现其投资的发展。其次，LG & E仲裁庭讨论了东道国基于公共利益采取必要措施的权利，还是通过援引其他案例，分析了“比例原则”的适用，即东道国采取的措施是否与可能受其保护的公共利益和依法给予投资的保护相称，再次援引了有关案件对《美国对外关系法重述（第三次）》有关表述的引用，认为只要有关措施是非歧视性的，那么一国对于基于主权而善意实施的税收和管制等措施对投资者造成的不利状况不应承担责任。基于上述分析，LG & E仲裁庭最终认为阿根廷的行为虽然对LG & E的财产利益造成了损害，但是并没有剥夺投资者享受投资的权利，LG & E也没有丧失对投资的控制，

① 事实上如前所述，Lauder案与CME案最终对间接征收问题的认定是不一致的，CMS这一对先例的援引明显存在问题，即CMS仲裁庭只选取了对自己的论证有益的部分，而忽视了两案最终实际作出的结论的差异。

② See CMS v. Argentine, para.260–264.

③ See Enron v. Argentine, para.241–250.

而且该等损害也并不是永久性的，因此不构成间接征收。[①]

从上述论证过程可以看出，四个案件当中，仲裁庭都主要是通过“援引先例”的方式，寻求先例中业已确立的关于间接投资的认定标准来进行论证，而且最终的结论也是一致的。由于使用了相同的解释工具来进行论证，因此从判断间接征收的最终标准来看都主要是采用了“效果标准”，即东道国的行为对投资者的财产和投资造成的实际影响。但国际投资仲裁中，适用“目的标准”进行判断的案件也并不少见，如 Methanex Corporation v. United States of America 案、Saluka Investments BV v. The Czech Republic 案、S. D. Myer Inc. v. Canada 案以及 Marvin Feldman v. Mexico 案，[②] 而且有关案件对目的的判断具有很高的不确定性。[③]

（三）关于重大安全例外的解释和论证

前述四个案件当中，对于重大安全例外的解释和论证都从两个方面展开。一是国际习惯法规则中的“紧急状态”，集中体现在《国家对国际不法行为的责任条款草案》（Draft Articles on Responsibility of States for Internationally Wrongful Acts，以下简称《责任条款草案》）第 25 条；[④] 二是美阿 BIT 第 11 条的“重大安全例外”条款：条约不应该限制任一缔约方实施必要的措施以维护本国的公共秩序，或为维持、恢复国际和平与安全应该履行的义务，或者保护其本身最基本的安全利益。因为各仲裁庭在第一方面的分歧更明显，而且是国际法领域更常见的争议，限于篇幅，此处主要分析仲裁庭对国际习惯法

① See LG & E v. Argentine Decision，para.185–200.

② See Methanex Corporation v. United States of America，Final Award of of 3 August 2005，Part IV para.7；Saluka Investments BV v. The Czech Republic，Partial Award of 17 March 2006，para.255，262；S. D. Myer Inc. v. Government of Canada，Partial Award of 13 November 2000，para.282；Marvin Feldman v. Mexico，ICSID Case ARB（AF）/99/1，Award of December 16 2002，para.99.

③ 从这一点可以看出，国际投资仲裁除了解释方法和工具使用上的差异外，在实质问题上也发展出不同的检验标准，二者两相结合加剧了国际投资仲裁的不一致问题，这一点也值得关注，但不是本文深入讨论的对象。

④ 该条首先规定了两项可以援引“紧急状态”排除国家违反国际义务行为的不法性的条件：（a）有关行为是该国为保护其基本利益不受严重的、紧迫的危害可以采取的唯一行为；（b）有关行为没有严重危害到其他国家的基本利益以及该国对另外一国或者对整个国际社会应该承担的责任。其次是规定了两项不得援引的例外情况：（a）一国承担的国际义务排除了援引紧急状态的可能性；（b）紧急状态的出现是该国自身促成的。

规则中“紧急状态”的解释和论证。

与在征收问题上四个案件结论一致不同，LG & E 仲裁庭与其他仲裁庭在重大安全例外问题上存在重大分歧。CMS 案、Enron 案和 Sempra 案三个仲裁庭最终都裁决阿根廷政府的抗辩不能成立，但 LG & E 仲裁庭支持了阿根廷政府关于“紧急状态”的抗辩，裁定阿根廷政府可以因此免责。

CMS 案中，仲裁庭在分析《责任条款草案》时，一开始就明确表明对第25条的理解应该采取“审慎”（prudent）的态度以防止滥用，因此应该采取限制性的解释方法。紧接着 CMS 仲裁庭处理了第一个问题：是否涉及阿根廷的基本利益（essential interest），也即需要判断危机的严重程度。CMS 仲裁庭认为能够触发援引紧急状态的情况应该是社会和政治的严重崩溃（major breakdown），而不仅仅是情况的严重（severe），而在该案中阿根廷的经济危机尚未达到崩溃的程度。然后，CMS 仲裁庭转而处理《责任条款草案》所指明的第一个条件，即阿根廷采取的措施“是否是唯一的方式”。通过援引国际法委员会对紧急状态的论述：“如果可以采取其他的措施，即便这种措施成本更高或更不方便，也不能援引紧急状态。”而 CMS 仲裁庭认为，阿根廷所采取的调整货币政策等措施并不是唯一的方式，因此也就不能排除其行为的违法性。至于第二个条件，因为涉及对美国的条约义务，因此仲裁庭认为需要在后续分析美阿 BIT 的重大安全例外条款时进行讨论。

CMS 仲裁庭还分析了《责任条款草案》第25条列明的例外情况。CMS 仲裁庭首先采取了“文义解释”方法，认为第25条第2款开头的“在任何情况下”（in any case）的用语表明，例外情况应该超越第1款进行考虑，即只要符合第2款的条件，即便存在第1款的情况，一国同样不能援引“紧急状态”来免责。同样，第一项例外在后续讨论，而对于第二项例外，CMS 仲裁庭认为阿根廷在20世纪80年代进行的私有化改革是促成后续经济危机的重大原因，因此符合这一例外情况，阿根廷违反义务行为的不法性不能被排除。[①]Enron 与 Sempra 仲裁庭的论证思路和解释方法与工具的使用与 CMS 仲裁庭基本一致，不再赘述。[②]

---

① See CMS v. Argentine, para.315-331.

② CMS 仲裁庭、Enron 仲裁庭和 Sempra 仲裁庭在征收和重大安全例外问题上的论证都基本相同，可能的原因是，三个仲裁庭的主席都是 Francisco Orrego Vicuña 教授，而且还有其他仲裁员的交叉。

LG & E 仲裁庭并没有像 CMS 仲裁庭一样主要依赖国际法委员会的相关论述，而是大量援引了参与《责任条款草案》起草的 Roberto Ago 等学者以及其他如 S.P. Jagota 等学者的论述和联合国的有关报告，认为紧急状态是指一国的生存、政治或经济生存、维持其基本服务的可能性、维持其内部和平或其部分领土的生存受到严重威胁的情况，进而认为一国所处理的必须是基本或“十分重大”（particularly important）的利益。LG & E 仲裁庭同样认同《责任条款草案》第 25 条的规定是非常严格的，但是从其表述来看，指明这一点的目的恰恰是为了佐证对于危机状况的认定落入一国主观的判断。接下来，LG & E 仲裁庭援引了《责任条款草案》调查委员 James Crawford 和国际法委员会成员 S.P. Jagota 的论述。James Crawford 指出，当一国援引紧急状态时，很明显该国完全意识到了有关行为对某一国际义务的违反，因此才需要符合第 25 条的规定来进行责任的免除，第 25 条要求有关措施必须是一国唯一可以采取的措施，而根据 S.P. Jagota 的说法，这一要求表明，国家不可能通过任何其他手段避免这种紧急状况，甚至是采取一种更为繁重的手段来维持对国际义务的遵守，一国必须用尽一切可能的法律手段才能被迫采取行动，而且有关行动不能超出必要的限度。[①]LG & E 仲裁庭后续绕开了对“措施唯一性”的讨论，借助“被迫违约”的说法削弱了第 25 条“措施唯一性”的要求，转而重点关注“必要性”问题，从而将重点转移到后续对“利益重要性”的判断。

在援引了 S. P. Jagota 的说法之后，LG & E 仲裁庭径直转而讨论“基本利益”的界定问题。LG & E 仲裁庭大量援引了 Rberto Ago、Julio Barboza 和 James Crawford 等学者对“基本利益”的论述，认为基本利益不仅限于与国家存续（existence）相关的利益，也包括经济、财政等严重危及国内外局势的利益，对基本利益作出了更加宽泛的解释，认为必须根据国家在特定情况下所处的一系列条件来确定利益的重要性。在对状态的紧急、阿根廷自身对危机促成的影响等问题进行分析后，LG & E 仲裁庭认为没有明显的证据表明阿根廷自身促成了经济危机的发生，而从 2001 年 12 月开始，阿根廷的政治和经济存续以及国内和平的维持都受到严重的威胁。在这种情况下，采取“整体的经济复苏方案”（economic recovery package）是阿根廷唯一可

---

① See LG & E v. Argentine Decision, para.246–250.

以采取的方法。LG & E 仲裁庭还作出了一个与 CMS 等仲裁庭完全相反的论述，其认为尽管起草经济复苏计划可能有多种方式，但仲裁庭收到的证据表明，采取全面回应的方式解决公共事业的关税问题是必要的，也不能说阿根廷在危机期间采取的措施严重损害了任何其他国家的权利，结合美阿 BIT 第 11 条的规定，LG & E 仲裁庭最终裁定阿根廷可以就紧急状态期间采取的措施免责。[①]

由以上分析可以看出，CMS 等仲裁庭在论证过程中基本遵循了限制性解释路径和“文义解释”等更加严格的方法来解释《责任条款草案》中的“基本利益”和“唯一措施”等问题，而 LG & E 仲裁庭大量运用了“专家学说”的解释工具，一定程度上绕开了“唯一措施”的问题，对“基本利益”作出了扩张性的解释，最后双方得出了截然相反的结论。值得一提的是，不仅 CMS 等三个仲裁庭的仲裁员有重合，事实上，LG & E 仲裁庭成员中，除了仲裁庭主席，其余两位仲裁员一位是 CMS 仲裁庭的成员，另一位是 Enron 仲裁庭的成员。正如研究阿根廷仲裁危机的学者所指出的，仲裁员的重合原本对于促成一致性是有益处的，但是无论是上述所分析的四个案件，还是阿根廷经济危机引起的一系列案件的总体情况，这一益处的实现效果并不理想。[②] 由此可以看出，尽管可以在仲裁员的选任上通过完善程序规则促进仲裁员的独立性、公正性和专业性，但这些特性究竟几何，还是要最终反映在具体裁决的说理论证过程中，没有对仲裁员论证说理的任意性的合理约束，单纯的程序规则对最终结果的公正性的积极作用相当有限。

这些“不一致”的典型案例并非个例，在仲裁实践中，国际投资协议的许多条款都存在明显的解释分歧，因此深入考察这些分歧出现的说理过程更具有一般意义。

三、条约解释不一致的重点领域都面临解释方法和工具上的分歧

考察单独的双边投资协定与自由贸易协定中的投资条款可以发现，国际

---

① See LG & E v. Argentine Decision, para.257–261.

② See William W. Burke–White, *The Argentine Financial Crisis: State Liability Under BITs and the Legitimacy of the ICSID System*, Asian Journal of WTO & International Health Law and Policy, Vol.3: 1, 2008, p.222。

投资待遇规则并不繁复，但是其中关键的条款大多都存在解释上的分歧和不一致。主要集中在：“投资”的定义、公平公正待遇、最惠国待遇、保护伞条款、征收和国有化赔偿等条款之上，这些分歧从前述典型案例中也可见一斑。

（一）投资定义

在“投资”的定义问题上，ICSID（International Centre for Settlement of Investment Disputes）只接受“直接因投资产生的法律争端”，但《华盛顿公约》（*Convention on the Settlement of Investment Disputes Between States and Nationals of Other States*）并未直接对“投资”进行界定，因而形式上对于“投资”的定义落入了缔约国自行协商的范围，这本是《华盛顿公约》起草时有意为之的结果。[①] 然而在实践中，作为被申请人的东道国政府常常以申请人的活动不属于“投资”作为抗辩，因此许多仲裁庭不得不就特定案件中的活动是否属于“投资”作出相应的判定。在实践中就发展出了两种不同的解释模式：一是主观模式，即严格参照仲裁案件所涉具体投资协议对“投资”的定义；二是客观模式，即认为“投资”的定义存在客观的标准。如果采取第一种模式，仲裁庭通常会首先对“投资”的通常意义作出解释，然后参照具体条约或协议的上下文和目的宗旨等因素作出结论。第二种模式中的“客观标准”主要是首先由学者 Christoph Schreuer 提出，然后经由 Fedax N.V.v.The Republic of Venezuela 和 Salini Costruttori SpA and Italstrade Spa v.Kingdom of Morocco 两个案件（尤其是后者）吸收后成为被广泛引用的标准。尽管如 UNCTAD 报告所称，选取何种模式根本上取决于国际投资法的政策导向，[②] 但在这背后也同时反映了对不同解释方法的偏好，第一种模式明显是《维也纳条约法公约》（*Vienna Convention on the Law of Treaties*）解释规则的路径，第二种模式则首先依靠专家学说，后期主要依靠“援引先例”。[③]“投资”的定义是国际投资法律体系的基础，在具体案件中关系到管辖权和平行程序等问题，在这一问题上的重大分歧对于国际投

① See IBRD, Report of the Executive Directors on the Convention on the Settlement of Investment Disputes between States and Nationals of Other States, March 18 1965, para.27.

② See UNCTAD, Scope and Definition（UNCTAD Series on Issues in International Investment Agreements II）, 2011, pp.112–122.

③ 必须说明的是，在具体案件当中，仲裁庭究竟是出于目的偏好选择了不同的模式，还是偏向于不同的解释方法而最后导致了不同的结果，这是难以查明的，但是目的偏好是不可控且抽象的，而解释方法是相对可控和具体的。甚至，即便是国际投资法的整体目的，也无法独立于具体的投资协定的目的。

资法律体系的完善有着重大的阻碍，以至于UNCTAD曾经设想直接在协议中纳入具体的“解释条款”来指导和约束仲裁庭的解释，[①] 这也侧面证明了解释规则对于国际投资争端解决和体系完善的重要意义。

（二）公平公正待遇

在“公平公正待遇”条款上出现分歧可能是国际投资仲裁中最常见的情况，不同的仲裁庭在其内涵、独立性和要素问题上都存在巨大的不一致。以内涵为例，对于公平公正待遇的争议集中在：公平公正待遇是否等同于国际习惯法的最低待遇标准，还是超出国际习惯法具有更加丰富的内容。“等同于国际习惯法最低待遇标准”的观点是在《北美自由贸易协议》（NAFTA）的实践中发展起来的，而且意外的是，NAFTA体系下所确定的典型标准“Neer标准”并不是来源于投资案件，而是来自一起美国公民在墨西哥被谋杀的案件，后续采取相同观点的仲裁庭通常都会援引这类案件确定的标准来进行裁决。相反，认为公平公正待遇独立于国际习惯法最低标准待遇的仲裁庭通常都会对何为“公平公正”作出解释，然后进一步明确其内涵。需要说明的是，不同的协议文本对于公平公正待遇的具体文字表述存在差别，典型的如NAFTA第1105条：各方应依国际法给予其他缔约方投资者相关待遇，包括公平公正待遇、充分保护和安全。这样的表述明确包含“依国际法”字样，将其与国际习惯法联系起来确有合理性。但也有一些条文并没有明确包含该等字样，如《荷兰—南斯拉夫BIT》第3条第1款：“缔约一方应确保给予缔约他方的投资以公平与公正待遇，且不得……”而在MNSS BV and Recupero Credito Acciaio NV v. Montenegro一案中，[②] 仲裁庭忽视了上述《荷兰—南斯拉夫BIT》协议文本本身的文字表述，而通过援引EI Paso和Waste Management[③] 两个案件的方式认定公平公正待遇等同于国际习惯法的做法不得不让人质疑其条约解释工作是否充分。

---

① See UNCTAD, Scope and Definition（UNCTAD Series on Issues in International Investment Agreements II）, 2011, p.119.

② See MNSS BV and Recupero Credito Acciaio NV v. Montenegro, ICSID Case No. ARB（AF）/12/8, Award of 4 May 2016, para.326-327.

③ EI Paso一案依据的条约是《美国—阿根廷BIT》，该协议公平公正待遇条款含有“依国际法”字样，Waste Management一案所依据的协定即为NAFTA。

（三）最惠国待遇

在“最惠国待遇”条款上，不一致和分歧已经严重影响到了这一条款的应有之义。最惠国待遇原本对于规则的多边化和和谐化有重要的促进作用，但是现实中不同仲裁庭对于这一条款的解释呈现出广泛而巨大的分歧，反而进一步加剧了国际投资法律体系的碎片化和不平衡性。[①] 最惠国待遇是否适用于争端解决？是否可以基于最惠国待遇援引基础条约本来没有的实体待遇？是否可以利用最惠国待遇排除基础条约的例外限制条款？在最惠国待遇适用的诸多问题上都存在许多结论截然相反的案件。在许多对该条款作出宽泛解释的案件当中，仲裁庭通常采取的解释进路是“目的解释 + 明示其一即排除其他规则”，首先主张最惠国待遇的目的是保护投资，而允许投资者援引最惠国待遇要求更有利的争端解决显然符合这一目的；其次，基础条约中关于最惠国待遇适用的例外并不包含所涉案件中投资人援引最惠国待遇所主张的待遇。[②] 相反，在许多作出限制性解释的案例当中，仲裁庭通常会对最惠国待遇条件中的“待遇”以及“相同或类似情形”的具体含义进行详尽分析。[③]

（四）保护伞条款

在“保护伞条款”上，也出现了可以说是国际投资仲裁领域特有的争议。核心分歧在于，缔约国违反与外国投资者签订的合同义务是否构成对 BIT 义务的违反，从而引发投资者可否以此为理由诉诸 ISDS 仲裁的争论。由于条款表述的模糊性，有关该条款的解释事实上很难作出统一而令人信服的结论。从各仲裁庭的论述来看，实践中，支持一派通常强调投资协定“保护投资”的目的和宗旨，也有仲裁庭运用“有效解释”原则，认为如果否定保护伞条款在这一适用将会使该条款失去意义。[④] 在后续作出限制保护伞条款这一适用

---

① 参见王彦志：《从程序到实体：国际投资协定最惠国待遇适用范围的新争议》，载《清华法学》2020 年第 5 期，第 192—193 页。

② 有关案例如 MTD Equity Sdn. Bhd. and MTD Chile S.A. v. Republic of Chile，Case No. ARB/01/7，Award of May 25 2004，para.104，以及 Bayindir Insaat Turizm Ticaret Ve Sanayi A.S.v.Islamic Republic of Pakistan，ICSID Case No. ARB/03/29，Award of August 27 2009，para.155–157.

③ 有关案例如 Teinver S.A.，Transportes de Cercanías S.A. and Autobuses Urbanos del Sur S.A.v.The Argentine Republic，ICSID Case No.ARB/09/1，Award of July 21 2017，para.877–892.

④ Scc Eureko B.V. v. Republic of Poland，Partial Award of 19 August 2005，para.250.

的裁决中，仲裁庭强调了这一适用对东道国经济管理产生的深远影响，尤其是会引发仲裁案件数量的大量增加而给争端解决带来巨大的压力，认为需要采取一种“衡平的解释”，[①] 有仲裁庭将这样一种平衡投资者和东道国利益的方法称为“和谐解释（harmonious interpretation）”。[②]

关于“征收与国有化赔偿”的解释分歧已经在前述典型案例中有所体现，以及在其他领域也存在或大或小的分歧，此处不再赘述。从以上对国际投资仲裁存在重大分歧领域的条约解释不同路径可以看出，很多条款在表面上都呈现出所谓“限制”与“宽泛”解释的分歧，而分歧的产生直接或间接地来源于不同仲裁庭在解释方法和工具选用上的不一致，当然也有部分仲裁庭没有充分地开展条约解释工作，草率地作出了结论。因此，无论是统一性还是规范性，国际投资仲裁条约解释都还有较大的完善空间。与此同时，国际投资仲裁中的“条约解释”问题之所以需要得到高度重视，不仅在于其本身存在的问题没有得到充分认识和解决，还在于对于目前ISDS机制的改革，条约解释也能发挥重要的作用。

四、国际投资仲裁改革中的条约解释：作用与方向

目前ISDS机制的改革正如火如荼，问题庞杂，意见争鸣，但是进展却不甚明显。工作组有关文件内容也展现了改革过程中的诸多顾虑、仍然存在的疑问以及尚待澄清的问题。比如，工作组初始确立的基本还是传统的“先程序后实体”的改革路径，[③] 然后对该问题进行了专门的讨论，[④] 但工作组也承认，ISDS机制改革关键问题涉及的是实体规定，即便如此，工作组还是强调

① See El Paso Energy International Company v. The Argentine Republic, ICSID Case No. ARB/03/15, Decision on Jurisdiction of 27 April 2006, para.77.

② See Inceysa Vallisoletana, S.L. v. Republic of El Salvador, ICSID Case No. ARB/03/26, Award of 02 August 2006, para.206.

③ See UNCITRAL, Possible reform of investor-State dispute settlement (ISDS) (Note by the Secretariat), A/CN.9/WG.III/WP.142, 18 September 2017, para.54.

④ See UNCITRAL, Possible future work in the field of dispute settlement: Reforms of investor-State dispute settlement (ISDS) (Note by the Secretariat), A/CN.9/917, 20 April 2017, para.16.

审议权限侧重于程序性问题，[①] 然而后续关于讨论实体投资标准的问题还是不断在有关文件中出现。[②] 又如，对于上诉机制是否能提升投资争端解决效率的问题也存在不同意见，核心的关切是建立上诉机制带来的时间和费用成本。[③] 问题本身的疑难加上工作组自身的顾虑，使得改革工作推进缓慢。在区域层面，也出现了所谓上诉机构与投资法院的“美欧之争”，[④] 给改革又加上一层阴影。整体性改革需要线索进行串联，程序规则和实体规则也许需要桥梁来连接，改革更需要切合国际投资仲裁本身的特性和目标远景进行价值权衡和路径细化。

（一）条约解释能够成为串联各项改革议题的线索

工作组 2021 年进行的第四十届会议的工作报告明确宣称“目前审议阶段不会就是否采纳某一具体改革方案作出任何决定”，同时特别提及有与会者提出：“每一项改革方案本身不应作为目标，而应作为实现投资争端解决整体改革这一目标的工具之一。”[⑤] 因此，所有问题都还有待进一步的分析论证，尤其是在所谓“整体改革目标”下的讨论。然而，面对庞杂的事项，如何将各议题串联起来以促进整体改革是一个必须思考的问题。

工作组目前确定的议题主要有七个方面：（1）法庭、特设机制和常设多边机制；（2）仲裁员和审裁员的任命方法和操守；（3）条约缔约方对条约解释的参与和管控机制；（4）争端的预防和缓解；（5）费用管理及相关程序，包括快速程序、费用分摊和费用担保；（6）第三方出资；（7）改革方案的实施。（具体内容见表 1）

① See UNCITRAL, Report of Working Group III on the work of its thirty-fourth session, A/CN.9/930/Rev.1, 19 December 2017, para.20.

② See UNCITRAL, Report of Working Group III on the work of its thirty-seventh session, A/CN.9/970, 28 August 2018, para.27; Report of Working Group III on the work of its thirty-ninth session, A/CN.9/1044, 10 November 2020, para.60.

③ See UNCITRAL, Report of Working Group III on the work of its fortieth session, A/CN.9/1050, 17 March 2021, para.58-61.

④ 参见王燕：《国际投资仲裁机制改革的美欧制度之争》，载《环球法律评论》2017 年第 2 期，第 179—192 页。

⑤ See UNCITRAL, Report of Working Group III on the work of its fortieth session, A/CN.9/1050, 17 March 2021, para.14, 16.

表1　UNCITRAL 第三工作组 ISDS 改革议题

改革议题	具体内容
法庭、特设机制和常设多边机制	多边咨询中心、独立复审或上诉机制、投资法院
仲裁员和审裁员的任命方法和操守	投资争端法庭成员的甄选、任命和回避、行为守则
争端的预防和缓解	替代性争端解决办法、用尽当地救济方法、处理无意义索赔、多重程序、反射性索赔、反诉
费用管理及相关程序	快速程序、费用分摊和费用担保
条约缔约方对条约解释的参与和管控机制	—
第三方出资	—
改革方案的实施	—

上述七项议题中，“争端的预防和缓解”“费用管理及相关程序”“第三方出资”以及“改革方案的实施”可以称为“外围议题”，即不直接和具体案件审理相关联的议题，目前形成的草案也多是此类议题，而更为复杂和棘手的，也是直接影响和革新案件审理过程的规则是“上诉机构或投资法院”“仲裁员的遴选等程序”以及“缔约方解释”议题，此外“争端的预防和缓解”议题下的“用尽当地救济方法”和“多重程序”等问题也和具体案件审理有着密切联系。要回答如何将这些本就彼此关联但目前在不同议题下讨论的事项串联起来的问题，可以从各项议题的目的出发。

对于投资争端解决而言，建立上诉机构的首要目的是“纠错”。[①] 新建常设投资法院尽管实质上抛弃了现行机制，但根据欧盟的设想，该等法院内部也会设置上诉机制，[②] 单纯从现阶段改善目前 ISDS 机制存在的问题而言，二者没有本质区别。错误有两种：一是事实或程序错误；二是包括条文解释在内的法律错误。从争端解决机制的一般设计来看，上诉机构的功能主要是纠正包

① See David A. Gantz, *An Appellate Mechanism for Review of Arbitral Decisions in Investor-State Disputes: Prospects and Challenges*, Vanderbilt Journal of Transnational Law, Vol.39: 1, 2006. pp.42-60.

② See European Commission, A Multilateral Investment Court: A New System for Resolving Disputes Between Foreign Investors and States in A Fair and Efficient Way, http://trade.ec.europa.eu/doclib/docs/2017/september/tradoc_156042.pdf.

括条约解释在内的第二种错误。[①] 从投资仲裁案件的具体情况来看，一是主要的争议集中在第二种错误；二是现有的撤销程序在一定程度上可以缓解第一种程序上的错误。法律错误产生于不同的仲裁庭对于相同或近乎相同的条款有不同的理解，进而作出了不同的解释，而规则适用也不可避免地涉及对有关条款的解释问题，二者不是泾渭分明的。因此，投资仲裁上诉机制的主要功能就是纠正仲裁庭条约解释的错误。

“仲裁员的遴选等程序”规则的首要目的是更进一步确保仲裁员的独立性、公正性和专业性。[②] 尽管仲裁员的遴选和任命主要是程序事项，但是最终反映上述特质的是裁决的说理与论证本身。上述特质一方面需要通过程序规则在案件审理开始之前来间接保障；另一方面更需要案件审理过程中的规则来进一步约束仲裁员不合理的任意性，这样的规则显然一头连着仲裁员，另一头连着通常体现为投资条约的裁判规则，很明显，这一规则主要就是条约解释的方法。

虽然从现实来看，“缔约方解释”主要是为了平衡东道国的利益，加强缔约方对投资争端解决的规制权，但是这一制度是直接构成条约解释规则的内容，而且与“目的与宗旨解释”和“特殊意思解释”方法有着很强的关联性，因此也可以归入条约解释规则体系当中。

综上所述，理论上，目前 ISDS 机制改革所讨论的实质议题都直接或间接与条约解释规则和方法密切相关。对于投资仲裁中的条约解释问题，工作组除了讨论“缔约方解释”议题以外，很长一段时间都没有给予充分的关注，而且如前所述，这一议题探讨的方向主要是缔约方的规制权，并没有深入到对投资仲裁条约解释方法和规则的讨论。直到 2020 年第 39 届会议期间，有关工作文件才开始集中关注到这一问题，并且明确要求秘书处开展对投资条约中所载的各种解释工具的梳理、仲裁庭如何使用这些工具、现有条约解释工具未被有效使用或接受的原因，以及如何有效使用已查明的众多工具等研

---

① See Charles H. II Brower, *Structure, Legitimacy, and NAFTA's Investment Chapter*, Vanderbilt Journal of Transnational Law, Vol.36: 1, 2003, p.74 (footnote 203), 91.

② See UNCITRAL, Possible reform of investor-State dispute settlement (ISDS) -Selection and appointment of ISDS tribunal members (Note by the Secretariat), A/CN.9/WG.III/WP.169, 31 July 2019, para.15.

究工作。[①]

（二）条约解释能够充当实体规则与程序问题改革的桥梁

如前所述，由于职权范围的关系，工作组对于改革过程中遇到的实体规则问题“投鼠忌器”，改革工作受到很大的限制，但是许多议题又都不可避免地涉及实体规则。如何在避免直接讨论实体规则的条件下处理程序问题改革中涉及的实体规则成为一个值得思考的问题。目前来看，在投资仲裁领域，条约解释的方法和规则同时兼具“程序”和“实体”的特性，可以考虑利用条约解释充当实体规则与程序问题改革的桥梁。

第一，条约解释是对既定文本的解释，尽管会涉及具体的条款，但是条约解释的规则和方法一定程度上又独立于具体的文本，可以认定为广义上的“程序规则”，因此可以实现将实体规则纳入讨论，但避开对实体规则本身内容的讨论。例如，对于饱受争议的投资规则碎片化问题，不同的实体规则存在于不同的法律来源当中，有些条款的措辞和设计非常相似或者实质相同，但是国际投资仲裁当中存在着大量针对相同案情的不一致裁决。如果肯定促进投资规则的协调和统一是长远的目标，那么能否利用条约解释方法上的约束来弥合这些文本的分歧，即通过一套统一、合理和严密的解释规则，在必要时消除不同法律来源中微小的、仅仅是文字上的差异，纠正既往的错误呢？这一问题的可行性和具体路径都值得深入分析。

第二，在当前的国际投资仲裁领域，条约解释规则和方法除了间接影响对于实体规则的理解以外，还会直接影响规则的发展本身。由于投资条约中大量相似且模糊的条款的存在等原因，当前国际投资法的主要造法形态已经由缔结条约转变为仲裁庭的案例法，仲裁员对于国际投资条约有关条款的解释成为国际投资法发展的重要内容。[②] 因此，案件裁决中仲裁庭所进行的条约解释工作是直接影响投资规则发展的关键力量。在这个意义上，条约解释的方法和规则又具有强烈的“实体规则”特性。要实现投资实体规则的良好稳

---

① See UNCITRAL, Report of Working Group III on the work of its thirty-ninth session, A/CN.9/1044, 10 November 2020, para.100-101.

② See Alec Stone Sweet, Michael Yunsuck Chung & Adam Saltzman, *Arbitral Lawmaking and State Power: An Empirical Analysis of Investor-State Arbitration*, Journal of International Dispute Settlement, Vol.8: 4, 2017, p.579; Catharine Titi, *The Arbitrator as a Lawmaker: Juris generative Processes in Investment Arbitration*, Journal of World Investment & Trade, Vol.14: 5, 2013, p.830.

定发展，对于条约解释方法和规则的研究就显得至关重要。

长期以来，对于国际投资仲裁的研究可以大致分为两类，第一类是投资条约规则研究，如公平公正待遇条款、保护伞条款、岔路口条款等实体和程序规则；第二类是投资争端解决问题研究，如裁决不一致、透明度、仲裁员资质等问题。第一类研究往往关注裁决对有关条款本身的解释和说理以及规则的演进，虽然涉及条约解释问题，但是重点关注的是解释的最终结果，较少对仲裁庭采取的解释方法和解释规则进行分析。第二类着眼于各自的问题本身，重点分析原因、状况和对策，对于案件和裁决具体情况的分析不够深入，更少涉及条约解释的问题。最终呈现的结果是，有关实体规则的研究关注结果而忽视了过程，有关程序改革的研究采取宏观的视角而不免遗漏细节。对条约解释方法和规则的研究可以补足既往主要研究中尚未深入探讨的问题，为实体规则与程序问题改革之间搭起桥梁的同时，也为改革提供了投资仲裁过程和细节的现实支撑。

（三）条约解释需要结合改革的政策目标进行价值权衡与路径细化

从现实来看，对于 ISDS 机制改革的讨论很大程度上就是起源于对国际投资仲裁“裁决不一致”现象的批判，但是对于这一问题的讨论本身也有争议，即“裁决不一致”是不是需要被纠正的缺陷。工作组也将该问题作为单独的议题进行讨论，尽管工作组总体上认为这是一个需要被解决的问题，但是也展现出一些犹疑和困惑。主要的问题是国际法的碎片化问题在国际投资领域更加突出，裁决不一致的问题在很大程度上还是源于基础规则的不一致。一方面，工作组一直自我限制对实体规则问题的讨论；另一方面，“碎片化”是包含国际投资法在内的国际法体系内在的属性，正如国际法委员会关于“国际法碎片化”的报告所指出的，“碎片化”是一个中性的特质。[①] 因此，如果在可预见的将来这一碎片化现象还是会继续存在，那么追求“一致性”是否有意义以及是否能实现是一个很大的问题。因此就出现了 ISDS 领域长期争论的一个问题：“裁决不一致”现象究竟需不需要改善？

或许正是意识到了这一矛盾，工作组对“一致性”问题进行了深化，其指出：“为促进协调性和一致性而可能进行改革的目标将增进投资者与国家间

---

① See ILC, Fragmentation of international law: difficulties arising from diversification and expansion of international law, A/CN.4/L.682, 13 April 2006, para.14.

争议解决案件的可预测性，而不是寻求统一性。投资人与国家间争议解决案件决定的统一性可能无法实现，至少在实质性投资保护标准继续与不同条约绑定的情况下是如此。”[①] 由此可以看出，工作组已经从“一致性”转向了“可预测性”，但是对于二者的区别没有进行详细分析和论证，进而也就没有提出追求“一致性”与追求“可预测性”的不同路径和方法。

笔者认为，ISDS 机制改革最终的目标远景应当是投资规则的协调和统一，这也是 UNCITRAL 自身一直坚持的工作宗旨。尤其是针对极度碎片化的问题，包括中国在内的许多国家已经意识到，部分问题已经难以通过双边协定的方式来解决，改革的方向需要面向多边的规则与机制。[②] 追求仲裁裁决的绝对一致的“确定性”没有必要，也不可能，但是条约解释的一致性带来的“可预测性”对于国际投资的正常秩序必不可少，是应当追求的。一种不确定但仍然可预测的法律体系将继续维护法律自由，[③] 从追求“一致性”到追求“可预测性”的转变，所伴随和要求的是从寻求“裁决一致性”到“条约解释一致性”的路径转变，也即追求“可预测性”的一个关键工具就是“条约解释方法和规则”。

五、结语

要解决国际投资仲裁目前面临的各项问题，涉及“问题认识”“对策合理性”“方案构建”“路径细化”四个主要方面，而目前这四个方面无一不存在较大的争议。从裁决一致性到条约解释一致性更多涉及“问题认识”的层面，是一个基础的问题，但如果没有对基础问题本身的正确和清晰认识，改革就会缺乏针对性。国际投资仲裁机制的改革一方面要克服目前的问题，另一方面也要朝着体制可持续和不断优化的目标前进，而从裁决一致性转向条约解释一致性是第一步。

---

① UNCITRAL, Possible reform of investor-State dispute settlement (ISDS) (Note by the Secretariat), A/CN.9/WG.III/WP.142, 18 September 2017, para.41.

② See China, Possible reform of investor-State dispute settlement (ISDS) -Submission from the Government of China, A/CN.9/WG.III/WP.177, 19 July 2019, p.3.

③ ［美］布雷恩·Z. 塔玛纳哈：《论法治——历史、政治和理论》，李桂林译，武汉大学出版社 2010 年版，第 115 页。

我国已经成为资本输入与输出的双向投资大国，本国卷入国际投资争端的可能性不断增大，海外投资的保护需求也日益增强，中国作为负责任的大国，也理应主动推动国际投资仲裁机制的改革，为国际投资争端解决的完善贡献中国方案。提出合理方案的前提是对问题的正确认识，中国新近明确提出了在国际规则制定中的话语权与影响力战略，[①]不能随波逐流而陷入“美欧之争”的泥淖当中，应该保持清醒的认识，加强对国际投资仲裁条约解释规则这一基础问题的研究，在对国际投资仲裁制度的发展作出实质性贡献的同时，也不断加强运用国际法保护国家和我国投资者利益的能力。

① 参见蔡从燕：《中国与国际投资规则制定中的法律话语权》，载《上海政法学院学报（法治论丛）》2022 年第 1 期，第 101—103 页。

征稿启事

《北京仲裁》由北京仲裁委员会/北京国际仲裁中心主办，主要刊登中外仲裁、调解、工程评审等与多元化纠纷解决机制相关的民商事理论性、实践性的论文或者介绍性文章以及符合前述范围的翻译文章。本出版物每年出版四辑，下设“主题研讨”“专论”“仲裁讲坛”“比较研究”“ADR专栏”“案例评析”“办案札记”等栏目。

编辑部热诚欢迎广大读者投稿，投稿前请仔细阅读以下注意事项：

1. 来稿应符合本出版物网站（www.bjac.org.cn /magazine/）的投稿要求及注释体例，并按要求写明作者信息、中英文题目、内容摘要、关键词等信息。

2. 来稿应严格遵守学术规范，如出现抄袭、剽窃等侵犯知识产权的情况，由作者自负责任。

3. 为扩大本出版物及作者信息交流渠道，本出版物已经委托博看网数字发行，并已被CNKI中国期刊全文数据库收录。凡向本出版物投稿的稿件，即视作作者同意独家授权出版其作品，包括但不限于纸质图书出版权、电子版信息网络传播权、无线增值业务权等权利，授予本出版物授予合作单位再使用、授予相关数据库收录之权利，作者前述相关的著作权使用费将由编辑部在稿酬内一次性给付。若作者不同意前述授权的，请在来稿时书面声明，以便做适当处理；作者未书面声明的，视为同意编辑部的前述安排。

4. 投稿方式：请采用电子版形式，发送至电子邮箱bjzhongcai@bjac.org.cn。如在两个月内未发出用稿或备用通知，请作者自行处理。

5. 所有来稿一经采用，即奉稿酬（400元/千字，特约稿件500元/千字）。

《北京仲裁》编辑部

图书在版编目(CIP)数据

北京仲裁.第121辑/北京仲裁委员会(北京国际仲裁中心)组编.—北京:中国法制出版社,2023.2

ISBN 978-7-5216-3265-1

Ⅰ.①北… Ⅱ.①北… Ⅲ.①仲裁—研究—丛刊 Ⅳ.①D915.704-55

中国国家版本馆CIP数据核字(2023)第023515号

策划编辑:马 颖
责任编辑:侯 鹏　　封面设计:李 宁

北京仲裁(第121辑)

BEIJING ZHONGCAI(DI-121 JI)

组编/北京仲裁委员会(北京国际仲裁中心)

经销/新华书店

印刷/河北鑫兆源印刷有限公司

开本/787毫米×960毫米 16开　　印张/10.25 字数/168千

版次/2023年2月第1版　　2023年2月第1次印刷

中国法制出版社出版

书号 ISBN 978-7-5216-3265-1　　定价:39.00元

北京市西城区西便门西里甲16号西便门办公区

邮政编码:100053　　传真:010-63141600

网址:http://www.zgfzs.com　　编辑部电话:010-63141826

市场营销部电话:010-63141612　　印务部电话:010-63141606

(如有印装质量问题,请与本社印务部联系。)

北京仲裁委员会
Beijing Arbitration Commission
北京国际仲裁中心
Beijing International Arbitration Center

第 121 辑（2022年第3辑）

编辑部地址：北京市朝阳区建国路118号
招商局大厦16层
邮政编码：100022
电　　话：（010）65669856
传　　真：（010）65668078
电子信箱：bjzhongcai@bjac.org.cn
网　　址：http://www.bjac.org.cn
数字发行：博看网（www.bookan.com.cn）

中国法制出版社
官方微信

北京仲裁委员会
官方微信

上架建议　仲裁法·民商法

ISBN 978-7-5216-3265-1

9 787521 632651 >

定 价：39.00元